环境犯罪立法研究

HUANJING FANZUI LIFA YANJIU

周峨春　孙鹏义○著

中国政法大学出版社

2015·北京

图书在版编目（ＣＩＰ）数据

环境犯罪立法研究 / 周峨春,孙鹏义著.—北京 :中国政法大学出版社,
2015.11

ISBN 978-7-5620-6417-6

Ⅰ. ①环… Ⅱ. ①周… ②孙… Ⅲ. ①破坏环境资源罪－研究－中国 Ⅳ.
①D924.364

中国版本图书馆CIP数据核字(2015)第258172号

出 版 者　中国政法大学出版社

地　　址　北京市海淀区西土城路25号

邮寄地址　北京100088信箱8034分箱　邮编100088

网　　址　http://www.cuplpress.com（网络实名：中国政法大学出版社）

电　　话　010-58908437(编辑室) 58908334(邮购部)

承　　印　固安华明印业有限公司

开　　本　880mm×1230mm　1/32

印　　张　5.75

字　　数　140千字

版　　次　2015年11月第1版

印　　次　2015年11月第1次印刷

定　　价　29.00元

　　我们生存的环境怎么了，每天都有触目惊心的消息冲击着我们的心脏：

　　"全国十大水系水质一半污染；国控重点湖泊水质四成污染；31 个大型淡水湖泊水质 17 个污染……"[1]让人头痛的不仅有"土污染"，还有"洋污染"："美国的废弃塑料，英国的医疗垃圾，最后的归宿竟是远渡重洋，在中国沿海的码头卸货，经过重新加工，再流向市场。中国遭万亿吨剧毒洋垃圾围城，有些洋垃圾回收工厂附近的河流里，鱼虾早已死绝……"[2]"在环境污染因素诱导下，我国肺癌的发病率和死亡率呈持续走高态势，如不及时采取有效控制措

---

〔1〕 刘诗平等："全国十大水系水质一半污染"，载《北京日报》2014 年 11 月 19 日第 13 版。

〔2〕 央视财经："中国遭万亿吨剧毒洋垃圾围城，医疗针头被当玩具"，载 http://www. sn. xinhuanet. com/2015 – 01/05/c_ 1113875013. htm，访问日期：2015 年 1 月 5 日。

施，预计到 2025 年，我国肺癌病人将达到 100 万，成为世界第一肺癌大国。"[1]这还是适合我们居住的环境吗？其实我们责怪"环境怎么了"是不公平的，我们应该质问的是"人类怎么了"，是人类的贪婪侵蚀了环境的圣洁。

面对贪婪的人类和赢弱的环境，作为保障法的刑法不应作壁上观。环境犯罪是对环境危害最严重的行为，刑法对环境犯罪的遏制就是对环境危机最好的回应。我国刑法介入环境保护的过程是一个循序渐进的过程，大体经历了三个阶段：

第一阶段是 1979 年《刑法》的制订至 1997 年《刑法》的制订。我国在 1979 年《刑法》制订之前，并没有专门的刑事法律规范来保护环境。"这一时期的环境保护主要侧重行政手段和民事制裁，刑事制裁的力度远远不够。"[2]真正的刑事制裁发端于 1979 年《刑法》的制订，1979 年《刑法》将部分严重破坏环境的行为纳入刑事处罚。[3]但这个阶段关于环境犯罪的规定并没有独立成块，而是散布在其他章节中，而且立法的出发点并不是基于环境保护的角度，只是在客观上起到了环境保护的作用。但不能否定 1979 年

---

〔1〕 张乐、黄筱："环境污染成肺癌推手，我国或成世界第一肺癌大国"，载 http://dz.jjckb.cn/www/pages/webpage2009/html/2014-12/12/content_99897.htm?div=-1，访问日期：2014 年 12 月 13 日。

〔2〕 吕欣：《环境刑法之立法反思与完善——以环境伦理为视角》，法律出版社 2011 年版，第 17~18 页。

〔3〕 1979 年《刑法》在"破坏社会主义市场经济秩序罪"一章中的第 128 条规定了盗伐、滥伐林木罪，第 129 条规定了非法捕捞水产品罪，第 130 条规定了非法狩猎罪。

《刑法》对于制裁环境犯罪的萌芽意义，它开启了刑事手段保护环境的大门。在这一阶段单纯依靠刑法中的"散兵游勇"去阻击环境犯罪是不现实的，因此我国通过制订单行刑法和附属刑法给予刑法典支援。单行刑法方面，如1988年全国人大常委会制订的《关于惩治捕杀国家重点保护的珍贵、濒危野生动物犯罪的补充规定》，规定了捕杀国家重点保护的珍贵、濒危野生动物犯罪，使得关系生态平衡的珍贵、濒危野生动物得到了重点保护。附属刑法方面，国家先后制订颁布了《海洋法》、《森林法》、《渔业法》、《大气污染防治法》、《固体废物污染环境防治法》、《水污染防治法》等环境资源保护法律，这些法律都规定了关于环境犯罪的刑事责任条款。单行刑法和附属刑法对规制环境犯罪起了很好的补充作用，也为后来刑法环境犯罪的规定提供了参考样本。

　　第二阶段是1997年《刑法》的制订到2011年《刑法修正案八》的出台这一阶段。1997年《刑法》的制订，是刑事手段介入环境保护的一个里程碑。1997年《刑法》以专节的形式把零乱的环境犯罪规整到一块，同时对单行刑法和附属刑法中关于环境犯罪的规定进行了吸纳，统一规定在"妨害社会管理秩序罪"一章的第六节中，共9个条文涉及14个罪名[1]，并冠以"破坏环境资源保护罪"，使环境犯罪有了自己的领地和名号。1997年《刑法》还将单位环境

――――――――

〔1〕 主要包括重大环境污染事故罪、非法处置进口的固体废物罪、擅自进口固体废物罪等。

犯罪纳入规制范围，对直接责任人和单位实行双罚制，这一规定一直沿用至今。虽然1997年《刑法》相比较于1979年《刑法》有了很大完善，但还有很多不足之处，如对罪名的规整还是不到位，还有一些罪名依旧散布于其他章节中，如走私珍贵动物罪、走私珍贵植物罪、走私废物罪等罪名规定在第三章"破坏社会主义市场经济秩序罪"第二节"走私罪"中；非法转让、倒卖土地使用权罪规定在该章第八节"扰乱社会秩序罪"中；环境监管失职罪、非法低价出让国有土地使用权罪等罪名规定在第九章"渎职罪"中。这一零乱的局面一直到现在还没有改观。[1]

第三阶段是2011年《刑法修正案八》颁布至今。《刑法修正案八》对1997年《刑法》"破坏资源环境保护罪"的第338条[2]做了两处修改，一处是删除了"土地、水体、大气"这三个排放、倾倒、处置对象的规定，扩大了这一条的适用范围，不再局限于"土地、水体、大气"[3]，向其他载体的排放、倾倒、处置有害物质行为也可以构成本罪。另一处是删除了"财产和人身"的限制性规定，即污染环境罪不再要求造成财产和人身损害就可以构成本罪。这

---

〔1〕 参见吴献萍：《环境犯罪与环境刑法》，知识产权出版社2010年版，第18~24页。

〔2〕 1997年《刑法》第338条规定："违反国家规定，向土地、水体、大气排放、倾倒或者处置有放射性的废物、含传染病病原体的废物、有毒物质或者其他危险废物，造成重大环境污染事故，致使公私财产遭受重大损失或者人身伤亡的严重后果的，处三年以下有期徒刑或者拘役，并处或者单处罚金；后果特别严重的，处三年以上七年以下有期徒刑，并处罚金。"

〔3〕 1997年《刑法》第338条。

处修改是最有颠覆意义的修改，体现了污染环境罪刑法规制理念的重大转变——1997 年《刑法》重大污染环境事故罪侧重对公私财产和人身权益的保护，只有造成这二者的损害才有可能构成重大污染环境事故罪。而 2011 年《刑法修正案八》去除了公私财产损失和人身伤亡的限制，只要造成严重污染环境的后果便可构成本罪，更注重对环境本身的保护。在这一阶段的 2013 年，最高人民检察院和最高人民法院出台了《关于办理环境污染刑事案件适用法律若干问题的解释》，对"严重污染环境"这一模糊规定作了详细界定，污染环境罪在司法实践中的可操作性更强了。

我国环境刑法从 1979 年创立至今，几经修改越来越成熟，为环境保护提供了有力的刑事法律保障。但反观我国环境保护的现状，并没有因为《刑法》的修改而得到明显改善，严重污染和破坏环境的事件依然频发，环境犯罪的立案率却非常低，表现出法律规范和司法规范的严重脱节，主要问题还是出在刑法规范不够完善上：首先是环境犯罪的位阶过低。现行《刑法》将环境主要部分规定在第六章的一节中，显示出立法者没有给予其足够的重视，这也暗含了对环境的重视不够。其次是规定依然过于分散。如果说 1997 年《刑法》是第一次将环境犯罪规定在一节中，在完整性上有所不足，是因为立法是一个循序渐进的过程不可能一蹴而就。而 2011 年《刑法修正案八》依旧保持这种状态就显示出了立法的迟滞性，规定过于分散，不利于形成统一的环境保护理念，也不利于形成针对环境犯罪的威慑力。再者是环境犯罪处罚和追诉时效的不完善。传统的犯罪处罚手段要求有预防和遏制犯罪的功能，而环境犯罪作为一种新的犯罪类型，是对环境的严重侵害。环境通常具有可恢复性，因此针对环境犯罪的处罚手段，既要起到预防和遏制犯罪的作用，又要对环境的恢复起到促进作用，而现有的处罚手段显然不足以促进环境的恢复。追诉时效是追究犯罪人刑事责任的有效期限，超出这个期限将导致刑罚的消灭。环境污染犯罪通常具有长期的潜伏性，现行《刑法》的追诉时效设置不符合环境犯罪的这一特性，容易导致超出追诉时效而无法惩罚犯罪的后果。最后，环境监管失职罪的规定不完善。在我国，很多环境污染重大事故跟环境监管失职是相伴相生的。环境监管失职的犯罪构成设置和刑罚设置跟其社会危害性有差距，需要进一步完善。

从法经济学的角度看，行为人实施环境犯罪的前提是预期收益高于预期成本，预期成本越小，实施犯罪的可能性就越大，而预期收益越大，也越会刺激行为人去犯罪。马克思曾经说过："一旦有适当的利润，资本家就会大胆起来；有百分之五十的利润，它就铤而走险；为了百分之一百的利润，它就敢践踏一切人间法律；有百分之三百的利润，它就敢犯任何罪行，甚至冒绞死的危险。"而犯罪成本是包含在预期成本之内的，因此通过完善环境刑法，降低环境犯罪入罪门槛，提高法定刑标准，便提高了环境犯罪的预期成本，有利于威慑环境犯罪的行为人，从而实现刑法保护环境的法律效果。希望通过环境刑法的日益完善，迎来环境犯罪规制的第四个阶段。

目前我国对环境犯罪的研究成果颇丰，有力地促进了环境刑法的立法完善，但通过比较分析目前的研究，发现以下问题有待突破：第一，对环境犯罪的本质特征认识不充分。欲完善刑法对环境犯罪的规定，必须先认清环境犯罪的本质特征。但从目前的研究状况来看，学者们对环境犯罪本质特征的认识还存在分歧。第二，对环境犯罪侵害的法益认识不深刻。法益是划分犯罪类型的主要依据，学者们对环境犯罪侵害的法益认识见仁见智，但不管是公共安全说、环境保护管理制度说，还是环境社会关系说，都没有戳中环境犯罪的要害，没有深刻认识到环境犯罪侵害的法益。第三，环境犯罪立法完善所运用的理论没有跳出传统刑法的束缚。法律的修改必须有正确的理论基础做铺垫，否则就是"空中楼阁"，中看不中用。偏颇的理论，往往导致偏颇的立法。要对偏颇的立法进行完善，必须有正确的理论作为指导，否则只能是小修小补，甚至是根本找不出问题，难以启动对法律的修订。环境犯罪具有不同于其他犯罪类型的属性，传统的刑法理论已难以支撑环境犯罪立法的完善。环境犯罪是对环境的侵害，环境的特殊性决定了立法完善必须求助于环境法基本理论的补充。将刑法和环境法结合起来，根据环境的特点调整和规制环境犯罪，才是正道。因此，环境犯罪的立法完善，必须跳出刑法的圈子，避免被传统刑法理论遮蔽了视野。

因此，本书将从以下几个方面进行创新性研究：第一，重新界定环境犯罪的概念。环境犯罪既不是对行政法律法规的违反，也不是对人身和财产的损害，而是对环境的严重污染或破坏。第二，重新揭示环境犯罪侵害的法益。环境犯罪侵害的法益不是公共安全，也不是环境保护管理制度，而是环境利益。第三，围绕环境利益构建环境刑法的基本理论。环境犯罪是对环境的侵害，环境刑法理论体系的构建需要吸纳环境法基本理论，而不是单纯在刑法的理论框架内自话自说。第四，根据环境利益的特殊属性，将环境犯罪这一类罪名在《刑法》中单独设为一章。环境利益是环境犯罪侵犯的同类客体，现行《刑法》划分章节的标准是同类客体，有了同类客体，各种环境犯罪罪名便有了归属，不必"寄人篱下"，散布于其他章节之中。第五，根据环境利益保护的需要，确定环境犯罪的处罚措施和追诉时效。环境利益具有区别于其他犯罪客体的不同特点，因此处罚措施和追诉时效都要有所改变，唯有如此才能适用环境保护的需要。

目录

环境犯罪基本范畴

　　概念之于理论体系就像地基之于高楼大厦，不光为理论体系的构建打好基础，还为理论体系划定了范围。概念不清的理论体系是不牢固的，经受不住考验。原有的环境犯罪概念不能全面反映环境犯罪的本质特征，因此，首先从重塑环境犯罪的概念开始。厘清什么是环境犯罪后，接下来将探讨环境犯罪的基本属性有哪些，环境犯罪都有哪些种类。其中，属性决定了将用什么样的法律规则来约束它。而分类的标准则体现了保护对象的差异，同时也有助于解释一些犯罪行为为何会被纳入环境犯罪的范畴。

第一节　环境犯罪概念的重塑

　　环境犯罪的概念是研究环境犯罪的最基础的问题，它是对环境犯罪本质特征的深刻认识和高度概括，它圈定了哪些犯罪行为是环境犯罪，而将不属于这个圈子的行为排除在外。由于环境犯罪本身并不是刑事法律规范具体规定的罪名，而是理论界在研究破坏环境与污染环境的犯罪行为时归纳出来的一个概念，学者们百家争鸣，目前对这个概念还没有形成一个统一的观点。在世界范围内，有关环境犯罪的概念更是林林总总。单从名称上讲，有关环境犯罪的犯罪行为就有很多种叫法，如危害环境犯罪、破坏环境资源保护罪、公害犯罪，其中环境犯罪是目前国内外比较流行的叫法。然而，由于法律传统的差异以及现实国情的不同，在各个不同的国家和地区，环境犯罪概念有着不同的内涵和外延。环境犯罪内容的确定又取决于各国家和地区刑事法律规范的具体规定，这决定了环境犯罪概念不可能千篇一律。根据保护环境和经济发展的双重需要确定环境犯罪的内涵和外延，准确界定环境犯罪的概念，是一件非常艰难的事情。

一、国内外有关环境犯罪概念

关于环境犯罪概念，各个国家的界定不尽相同。日本和英国学者都将之称为公害罪，但表述却存在较大差异。[1]

---

〔1〕 日本学者平野龙一指出："公害罪是指由于天气污染、水体污染、土壤污染、噪声、振动、地面下沉或臭味等，使人的身体健康和生活环境发生损害的行为（这里的生活环境包括与人类活动密切相关的财产、动植物及其生存环境）。"参见〔日〕平野龙一："日本对自然环境的刑罚性保护"，郭布、罗润麟译，载《环球法律评论》1981 年第 2 期，转引自吴献萍：《环境犯罪与环境刑法》，知识产权出版社 2010 年版，第 7 页。

英国学者 J. R. 斯宾塞指出："任何人实施了法律所不许可的行为或未履行法律义务，如果这种作为或不作为的结果危害了公众的生命、健康、财产、道德或福利，或者妨碍公众行使或享有公众共有的权利，就构成了一项普通法上的罪行，即公害罪。"参见〔英〕J. R. 斯宾塞："对公害罪的批判性研究"，周昭益译，载《环球法律评论》1990 年第 1 期，转引自吴献萍：《环境犯罪与环境刑法》，知识产权出版社 2010 年版，第 7 页。

同样都称为公害罪，日本学者的论述基本上包含了有关环境保护的所有犯罪行为，英国学者则反其道而行之，把环境犯罪纳入了另一层级的概念，环境犯罪只属于公害罪的其中一类。而德国学者运用的是"环境犯罪"这个概念。[1]综合国外的各种观点，英美法系国家的法律传统比较注重法律的实用性，而并不太注重高度抽象的理论研究，很少对概念进行界定，而是将几种概念统一纳入一个更大的类概念范畴，英国用公害罪来指代环境犯罪便是如此。另外，从英国对公害罪的界定来看，环境犯罪的最终成立并没有"情节严重"或"严重后果"的要求，这扩大了刑事法律的调整范围，同时也缩短了定罪周期，不必坐等严重结果的出现，有利于及时遏制环境犯罪行为。而日本、德国等大陆法系国家以概念法学著称，思维方式通常以概念为中心，因此对环境犯罪概念界定得较为明确，只是在方式上有所区别，日本学者采用的是罗列式的概括方式，而德国学者则采用的是归纳式概括方式。再者，日本、德国学者都对环境犯罪的概念做了"量"的要求，即并不是所有环境违法行为都是犯罪，只有造成严重危害的行为才定性为犯罪。

　　关于环境犯罪的概念，我国理论界也存有分歧。有的学

---

　　[1]　格·伊·福格尔是这样概括环境犯罪的："环境犯罪是指在任何情况下，如果违反环境保护法的行为对他人的生命和健康或大量物质财富造成了威胁，那么这就构成了犯罪。"参见［德］格·伊·福格尔："德意志联邦共和国对环境的刑事法律保护"，马骧聪译，载《法学论丛》1981年第4期，转引自吴献萍：《环境犯罪与环境刑法》，知识产权出版社2010年版，第7页。

者把环境犯罪概括为损害生态环境内在价值的行为，[1]有的学者则不仅将对环境的严重损害作为环境犯罪的构成要件，还将对人的人身权利、财产权利的侵害纳入其中，[2]而有的学者不区分对哪些客体造成的损害，只侧重后果的严重性或情节的恶劣程度。[3]

　　国内学者所概括的环境犯罪概念与国外学者相比，其侧重点不一样，主要体现在环境犯罪的成立不仅要求造成一定的危害结果，而且大多要求以违反一定的行政法律为前提条件，而外国学者的环境犯罪概念中一般没有这一前提条件。这里面有深层次的社会经济发展因素的影响。环境犯罪是社会经济发展的产物，西方国家由于经济发展比较超前，比较早地进入了工业社会，那个时期的"经济人"（从事经济活动的人）以牟取利润为唯一目的，单纯强调经济利益，但他们又是理性的，他们根据市场情况、所处的社会环境和法

---

[1]　如付立忠先生描述道："环境犯罪是指自然人或非自然人主体，故意、过失或无过失实施的污染大气、水、土壤或破坏土地、森林、草原、珍稀濒危动物等生态环境或生活环境，具有现实危害性或实际危害后果的作为和不作为的行为。"参见付立忠："环境犯罪新论"，载《法律科学》1995年第2期。李卫红先生则这样描述："环境犯罪是指违反环境法规，破坏环境生态，情节严重，依法应受刑事处分的行为。"参见李卫红："环境犯罪论"，载《烟台大学学报》（哲学社会科学版）1996年第2期。

[2]　如王秀梅认为："环境犯罪是指违反国家环境、资源保护法律，造成或足以造成环境受到污染或破坏，或者致使他人生命健康或公私财产遭受重大损害的行为。"参见王秀梅：《破坏环境保护罪的定罪与量刑》，人民法院出版社1999年版，第62页。

[3]　如沈乐平先生认为："环境犯罪是违反法律规定，对国家保护的环境进行污染和破坏，情节恶劣、危害后果严重而需要依法追究刑事责任的行为。"参见沈乐平："公害罪刍议"，载《法学季刊》1985年第2期。

律环境做出判断，从而追求自己的利益最大化。在环境法律空白化的条件下，让"经济人"们顾及生态环境利益是不现实的。最终，先进生产工具的使用，人类对自然资源的无休止开发，生产、生活废物的无序排放，使自然环境承受了极大的负担，慢慢地演变成严重的环境问题。从一定意义上说，环境问题是没有环境法律约束的理性"经济人"造成的。经济基础决定上层建筑，当环境问题成为普遍问题时，各国立法机关根据情势的发展，制定专门的环境法律制度来规制破坏环境的行为，严重的破坏环境行为则必须接受刑事法律的考量，因此比较系统的规制环境犯罪的刑事法律规范诞生了。与此相对应，西方环境刑法理论起步较早、发展相对成熟，对环境犯罪已经有了较为深刻的认识。相对于西方国家，我国无论是刑事法律体系完善程度还是环境刑法基本理论的成熟度，都有很大的发展空间，对环境犯罪的认识需要进一步深化。

二、环境犯罪概念重塑

在界定环境犯罪的概念之前，首先有几个问题需要明确一下。第一，明确环境犯罪是一个类概念，作为一类犯罪的统称，它包含了很多种与环境有关的犯罪，而不是一种。所以在界定概念时，应该从整体上把握环境具体犯罪，总结此类犯罪的共有特征，而不是局限于某一种或几种环境犯罪的特征，只有这样才能揭示环境犯罪的本质，区别于其他犯罪类型。第二，由于环境犯罪具有"博大的胸怀"，包容了多种罪名，所以环境犯罪侵害的直接客体并不"专一"，既有对人类直接的环境权益的侵害，也有通过对国家的自然资源保护制度、国家机关的管理制度等的侵害，最终是对环境权益的损害。第三，"违反环境法规"是否是环境犯罪概念的应有之义？答案是否定的。概念是对事物本质特征的抽象概括，"违反环境法规"是否是环境犯罪的本质特征呢？非也。环境犯罪本质特征是对环境的重大污染和极度破坏，"违反环境法规"只是现有阶段对危害环境行为进行评价的手段，或者只是某一类环境犯罪的构成要件。由于刑法立法容量的有限性，援引其他法律法规是正当的也是必要的，但这并不能说明"违反环境法规"是环境犯罪的本质特征，其本质特征是对环境的污染和破坏达到了"恶"的程度。第四，"对人的人身权、财产权造成损害"是否是环境犯罪概念的应有之义？答案也是否定的。"对人的人身权、财产权造成损害"是环境犯罪的后续结果，但这个结果不是必然发生的，如果环境犯罪行为发现早，及时采取了预防措施，并没有伤及人的人身权和财产权，是否就不追究其刑事责任了呢？非也。因为犯罪行为已经实实在在地对环境造成了重大损害。另外，环境犯罪对人的人身权和财产权的损害，并不一定立刻显现出来，有的甚至需要几年、几十年或者更长的时间，在这种情况下，是否也要等到损害结果出现才追究其责任呢？答案不言自明。

综合以上考虑，所谓环境犯罪，是指行为人实施的严重污染或破坏环境，应受刑罚处罚的行为。这一界定摒弃了很多环境犯罪定义中的"违反……法"这一要件，同时也不包含"损害人身和财产"这一限定条件。

第二节 环境犯罪属性的再认识

属性，是人作为有意识的主体对于活动对象的抽象概括。每个具体的事物，都有各种各样的状态和性质，只有人的意识"投照"于它身上，与人的活动发生关系，才具有了自己的属性。所以，属性是人的主体意识跟活动对象相互发生作用的产物，没有人类活动，就没有事物的属性可言。弄清楚事物的属性才能揭开事物的面纱，才能对事物有更深刻的认识，当事物出现问题时，才能根据事物的属性找出症结所在，从而对症下药。下面，就环境犯罪的属性进行深入解析。

一、生态属性

环境犯罪跟其他犯罪类型相比，既有跟其他犯罪相似的特征，又有其独有的属性，首先体现在其生态属性方面。

环境犯罪的生态属性主要体现在，生态环境由不同层次的子系统组成，各个子系统之间互相联系，互相影响，一个子系统遭到破坏会传导给其他子系统。由于每个小的环境损害都处于一个大环境中，在这个大环境中，各个小环境相互联系相互传导，损害结果往往具有很强的"生命力"，会持续发酵，因此损害并不会因侵害行为的停止而结束，通常会在生态系统中持续发挥作用，从而危害更多的人，甚至危害后代人的利益。因此，环境犯罪造成的损害会借助生态系统放大、转化，侵害多数人的生命、健康、财产权利，而侵害主体、侵害行为、损害事实、损害结果之间则会因为复杂的过程变得无法认定。环境犯罪的生态属性决定了其损害结果在受害人数、空间范围、时间长度等方面的不确定性。

环境犯罪的生态属性还体现在，环境在遭受破坏后难以恢复到原状。侵害环境的行为一旦实施，将对生态环境产生现实或潜在的危险，倘若置这种危险于不顾，危害结果不断传导，便会造成环境的严重破坏，即使投入巨大的人力、物力、财力，生态系统平衡也难以恢复。环境犯罪主体获得的收益与生态环境遭受的损害相比，是那么微乎其微；环境监管失职的国家机关工作人员的一时不尽职与恢复环境所付出的时间成本相比，是那么不划算。生态环境是不可逆转的，切莫因小失大，因为环境天生就是个"小心眼儿"，想从它那儿窃取不义之财，代价永远都是巨大的。

另外，环境犯罪的生态属性体现在，生态环境具有非常强的自净能力，损害结果可能需要很长时间才能显现出来，在这个过程中损害并不会逐渐消失，而是会慢慢累积，一旦显现，后果很严重。拿海洋生态环境来说，由于海洋的自净能力非常强，某一个企业的排污行为可能并不会立马造成海洋的污染，但是当这个企业的多次污染行为或多个企业的污染行为累积叠加在一起时，最终损害结果会显现出来。这时为时已晚，连强大的海洋也无可奈何，海洋生态的损失无法挽回。

二、自然犯属性

要深入把握环境犯罪的属性，还要从法理学的角度出发对其进行透析。这里所说的法理学角度，主要指的是自然犯与法定犯的区分——环境犯罪到底是自然犯还是法定犯。这是个基本问题，关系到环境犯罪的罪恶根源，关系到环境犯罪故意的成立是否以违法性认识为前提，关系到环境犯罪的违法程度。

最先提出自然犯和法定犯这一刑事理论范畴的是巴伦·拉斐尔·加罗法洛，他是意大利著名的犯罪人类学派的代表人物，是现代犯罪学的创始人之一。加罗法洛在《犯罪学》这部经典著作中首次明确提出了"自然犯"的概念，并将其与"法定犯"相区别。在现代大陆法系的刑事法律理论体系中，自然犯和法定犯的区分被广泛接受。自然犯和法定犯的区分是以是否违背社会伦理道德为标准的。所谓自然犯，是指明显违背社会伦理道德，威胁或侵害刑法法益的传统型犯罪，是本体的恶，如杀人、强奸、纵火等。由于自然犯明显违背伦理道德，其侵害性容易被人们所意识到。自然犯罪在我国刑法规定的犯罪类型中，占了大多数。所谓法定犯，是指没有明显违背社会伦理道德，但威胁或侵害了刑法法益的现代型犯罪，是法律禁止的恶，如非法经营同类营业罪、操纵证券期货市场罪、洗钱罪等破坏社会主义市场经济秩序罪，这类犯罪一般以违反经济行政法为前提，是根据法律被"认定"的犯罪。由于法定犯并没有明显违背伦理道德，其侵害性不易被人们所意识到。从主观恶性程度方面来看，自然犯要比法定犯更加严重一些，但在罪行认定方面，由于经济行政法会因为情势的变化而发生改变，法定犯的认定标准和违法程度是变动的，缺乏一定的历史稳定性。因此，二者在预防、认定等方面，有着各不相同的方法和规则。

由于自然犯和法定犯以是否违背社会伦理道德为区分标准，而从人类社会历史发展的轨迹来看，社会伦理道德不是始终如一的，其内容和形式随着社会经济的发展不断发生变化。在不同的发展阶段，社会伦理道德的含义、构成都是不一样的。"君为臣纲、父为子纲、夫为妻纲"是中国传统伦理道德的内容，而随着历史发展的潮流滚滚向前和现代文明的发展，这种伦理道德中的等级观念、特权思想已经被现代伦理道德的平等观念所取代。经济基础决定上层建筑，社会伦理道德属于上层建筑的范畴，因此所依赖的经济基础不同，决定了社会伦理道德的差异化。当经济基础发生变化时，社会伦理道德的内容也会随之发生变化。传统伦理道德存在的基础是小农经济，在这种经济条件下，由于生产工具的落后，人们改造自然的能力也相对较弱，不会对自然造成巨大破坏，也不会对人们的生存环境产生根本性的改变，更不会因为污染环境而受到道德的谴责和法律的制裁。现代伦理道德是以商品经济为基础的，这种经济条件下，科技技术高度发达，人类具有了强大的改造自然的能力，在没有预设规则对人类活动进行规范的情况下，环境问题应运而生，逐渐成为关系人类生存的基本问题，而保护环境成为人类共有的诉求，成为现代伦理道德的应有内容。环境犯罪因"明显违背社会伦理道德"而为一般社会正义所不容，而不是"因为维护行政管理秩序的需要"而成为法律所禁止的行为，因此环境犯罪具有非常明显的自然犯属性。

三、长期潜伏性

环境犯罪在危害结果产生的时间上，与一般的刑事犯罪有着很大的不同。一般的刑事犯罪的危害后果通常具有即时性，犯罪行为一旦发生，通常情况下会在较短的时间内产生危害结果，环境犯罪的危害结果具有潜伏性和迟滞性，而这种潜伏性和迟滞性往往是长期的。发生在日本九州岛熊本县的水俣病事件便是如此。1956 年，熊本县水俣市的居民纷纷得了一种"怪病"，这种怪病以神经系统症状为主，但当时因为病因不明，造成许多人死亡。10 年后，经过曲折而艰苦的研究，最终确定水俣病是由于水俣氮素工厂排出的工业废水中含有甲基汞，污染了海水，当地人又因为吃了被甲基汞污染的鱼贝类而中毒。这被认为是世界最早出现的由环境污染所致的公害病。而水俣氮素工厂排放工业废水已有数十年之久，危害结果具有明显的迟滞性。2006 年，在我国甘肃徽县也发生了一起因为环境污染造成的中毒事件——368 人血铅超标。"从 1996 年开始，徽县有色金属冶炼公司长期超标排放，造成公司周围 400 米内的土壤受到污染。"〔1〕铅污染潜伏 10 年，一直未被发现，直到造成数百人血铅超标，元凶才真正现形。

危害结果之所以具有长期的潜伏性，是由多种因素造成的。首先，环境犯罪是通过环境这个载体进行的，侵害行为发生后作用于环境介质，排放物跟环境要素发生生物、化学、物理等各种各样的反应，再经过转化、扩散、降解，最后显现出来形成环境危害，这个过程往往是非常漫长的，可能是几年、十几年、几十年甚至更长的时间，在危害结果显现出来之前，一直处于潜伏状态。再者，即使在很短时间就能造成危害后果的环境侵害行为也不一定很快就被察觉，特别是有些犯罪主体排放致害物质的方式特别隐蔽，像利用暗设排放管道、及时填埋、夜间偷偷作业等手段掩饰侵害行为，给执法人员调查取证造成了极大的困难。另外，环境犯罪不像故意伤害、绑架、非法拘禁等侵犯公民人身权利的犯罪行为直接侵害人体，环境犯罪通过环境介质对人体造成侵害，具有间接性，往往需要复杂的医学病理知识才能检验出来，如上述的日本水俣病事件，进过 10 年的取证、研究，才最终确定水俣病的致病根源是氮素工厂排出的甲基汞。还有，受到现有科学技术水平的制约，有些环境变化的机理根本就分析不出来，可能需要十几年甚至几十年后才能查明真相。总之，环境变化的复杂性造就了环境犯罪的危害结果具有长期的潜伏性。

---

〔1〕 李铮："追究刑事责任的 10 起环境典型案例分析"，载《环境保护》2009 年第 10 期。

第三节　环境犯罪的学理分类

环境犯罪本身是个类概念，它包含了多种污染和破坏环境的罪名，而将各种罪名分类，有助于掌握每一类犯罪行为的共有特征。

我国《刑法》将环境犯罪的主体部分纳入了其第六章第六节，并统一冠以"破坏环境资源保护罪"，从第338条到第346条，共规定了15个罪名。[1]除了主体部分的第6章第6节的"破坏环境资源保护罪"，还有一些"散落民间"的与环境有关的罪名。[2]刑法将环境犯罪的"骨架"完全打散了，因此有必要根据行为方式和保护对象的不同，从学理上重新分类，以重新认识环境犯罪的罪名体系和架构。

首先是环境污染犯罪。所谓环境污染犯罪，主要是指行为人排放、倾倒明显超过环境所能够承载的自我净化能力的

---

〔1〕　这15个罪名分别是：污染环境罪，非法处置进口的固体废物罪、擅自进口固体废物罪和走私固体废物罪，非法捕捞水产品罪，非法猎捕、杀害珍贵、濒危野生动物罪和非法收购、运输、出售珍贵、濒危野生动物、珍贵、濒危野生动物制品罪和非法狩猎罪，非法占用农用地罪，非法采矿罪和破坏性采矿罪，非法采伐、毁坏国家重点保护植物罪和非法收购、运输、加工、出售国家重点保护植物、国家重点保护植物制品罪，盗伐林木罪和滥伐林木罪和非法收购、运输盗伐、滥伐的林木罪。

〔2〕　如第152条第2款的走私废物罪，第407条的违法发放林木采伐许可证罪，第408条的环境监管失职罪，第228条的非法转让、倒卖土地使用权罪，第410条的非法批准征用、占用土地罪和非法低价出让国有土地使用权罪，第151条第2款的走私珍贵动物、珍贵动物制品罪和第3款的走私国家禁止进出口的货物、物品罪。

物质或能量，已经或足以明显降低环境质量的行为。我国《刑法》规定的污染环境罪、非法处置进口的固体废物罪、擅自进口固体废物罪以及走私废物罪，都属于此类范畴，而其中的污染环境罪则属于此类犯罪的主体。但是，作为污染环境罪的主体部分，《刑法》只用了一个条文即第 338 条来规定，而且这一条只规定了污染环境罪的行为方式[1]，并没有对侵害对象做出明示，实际上这一条规定暗含了对水体的污染、对土地的污染和对大气的污染三种罪名。总体上来看，这一条规定罪名比较笼统，忽略了对具体污染行为的考量，缺乏针对性。因此，这一条完全可以分开立法，根据侵害对象的不同规定不同的构成要件和处罚措施。另外，还有一些污染犯罪没有纳入刑法的考量，如噪音污染、震动污染等，有待于进一步完善。

很多大陆法系国家的污染环境罪的罪名设置值得我们借鉴。以德国为例，同样是在刑法典中对此类罪名加以规定，德国的规定则更为详细，具体包括对水体的污染罪、对土地的污染罪、对大气的污染罪等。同样是大陆法系国家的日本，除了设置大气污染罪、噪音污染罪、固体废物污染罪之外，对水体污染罪名的设置则更为详细具体，主要包括污染海洋罪和有关饮用水的犯罪，其中有关饮用水的犯罪又分污染水道罪、污染净水罪、将毒物混入净水罪。罪名设置独立，罪状规定翔实，有助于有针对性地规制此类犯罪。

---

〔1〕 污染环境罪的行为方式为：排放、倾倒或者处置有放射性的废物、含传染病病原体的废物、有毒物质或者其他有害物质。

其次是破坏自然资源犯罪。破坏自然资源犯罪也不是一个具体的罪名，而是一类罪的统称。自然资源本身并不是一个法律概念，因它们而起的一定社会关系才是法律所调整的对象。所谓破坏自然资源犯罪，是指非法开采或使用自然资源，改变或者破坏自然资源的原有面貌，破坏或者足以破坏自然资源的行为。与环境污染犯罪的直接性相比，破坏自然资源犯罪所造成的结果看似是间接性的，对人类的损害并不是立马体现出来，有的需要很长时间，但一旦表现出来，危害也是巨大的，甚至超过环境污染犯罪所造成的损害。以非法露天采矿为例，矿区所涵盖范围内的土地、植被、水资源、大气等生态环境会因之受到破坏，其中以水土流失引起的问题尤为突出，将造成周边植被的进一步损害。

我国《刑法》规定的破坏自然资源犯罪又分几大类，分别是破坏土地资源罪、破坏矿产资源罪和破坏森林资源罪。其中，破坏土地资源罪主要有"非法占用农用地罪"[1]、"非法转让、倒卖土地使用权罪"[2]；破坏矿产资源罪主要有"非法采矿罪"[3]、"破坏性采矿罪"[4]；破坏森林资源罪主要有"盗伐林木罪"[5]、"滥伐林木罪"[6]、"非法收购、运输盗伐、滥伐的林木罪"[7]。

---

〔1〕《刑法》第 342 条。
〔2〕《刑法》第 228 条。
〔3〕《刑法》第 343 条第 1 款。
〔4〕《刑法》第 343 条第 2 款。
〔5〕《刑法》第 345 条第 1 款。
〔6〕《刑法》第 345 条第 2 款。
〔7〕《刑法》第 345 条第 3 款。

再次是危害物种平衡犯罪。从广义上说，动植物资源，尤其是其中的野生动植物资源，也是自然资源的范畴，但它们是较为特殊的自然资源。动植物资源是动态的自然资源，在生态环境中，它们是中心和主体，在维持生态系统平衡方面，起着不可替代的物质和能量交换作用。各种动植物资源都不是孤立存在的，它们通过生物链条保持着千丝万缕的联系。一个物种的消失，可能会引起与此物种相关的其他物种的消失，而这些"相关的其他物种"通过生物链条联系着更多的物种，从而引起更多物种的消失，可谓牵一发而动全身。基于这方面的考虑，把环境犯罪中有关破坏动植物资源的犯罪归为一类，统称为危害物种平衡犯罪。

危害物种平衡犯罪又分为破坏野生动物资源犯罪和破坏野生植物资源犯罪，这在我国《刑法》中也有体现。《刑法》规定的破坏野生动物资源犯罪主要有"非法捕捞水产品罪"[1]、"非法猎捕、杀害珍贵、濒危野生动物罪"[2]、"非法收购、运输、出售珍贵、濒危野生动物、珍贵、濒危野生动物制品罪"[3]、"非法狩猎罪"[4]和"走私珍贵动物、珍贵动物制品罪"[5]。《刑法》规定的破坏野生植物资源犯罪主要有"非法采伐、毁坏国家重点保护植物罪"[6]、

---

[1] 《刑法》第 340 条。
[2] 《刑法》第 341 条第 1 款。
[3] 《刑法》第 341 条第 1 款。
[4] 《刑法》第 341 条第 2 款。
[5] 《刑法》第 151 条第 2 款。
[6] 《刑法》第 344 条。

"非法收购、运输、加工、出售国家重点保护植物、国家重点保护植物制品罪"[1]和"走私国家禁止进出口的货物、物品罪"[2]。

最后一类是环境渎职犯罪。环境渎职犯罪，是指国家机关工作人员在环境监管过程中，对重大环境污染、环境破坏的产生及扩散具有促进或辅助作用的行为。环境渎职犯罪的设置，有助于弥补环境犯罪主体的不完善，因为造成环境损害的不光是个人或企业，还有可能是负有环境监管职责的国家机关工作人员，监管职责的不履行或者不当履行，会促进环境损害的发生，甚至会让损害结果进一步放大。由于立法的不完善，我国《刑法》中没有这一犯罪类型的专门规定，而是散落在第九章"渎职罪"中，分别是"违法发放林木采伐许可证罪"[3]、"环境监管失职罪"[4]、"非法批准征用、占用土地罪"[5]和"非法低价出让国有土地使用权罪"[6]。这些立法规定，有助于促进国家机关有效履行环境监管职责，确保环境监管权力不被滥用，最终达到保护环境的目的。

环境渎职犯罪同时具有渎职罪、环境犯罪两大犯罪的特征，是这两大犯罪类型的融合——因为国家机关工作人员的

---

〔1〕《刑法》第344条。
〔2〕《刑法》第151条第3款。
〔3〕《刑法》第407条。
〔4〕《刑法》第408条。
〔5〕《刑法》第410条。
〔6〕《刑法》第410条。

渎职行为，促进或辅助产生了环境污染或环境破坏的危害结果。从表面上来看，环境渎职犯罪侵犯的是国家对环境保护的监管制度，但实质上，它侵犯了附着在环境监管制度上的法律利益——环境利益，它以侵犯环境监管制度的方式，造成了环境损害的结果，例如环境监管失职罪就是最终指向了环境污染，它以"发生重大环境污染事故"为构成要件，没有这一条件，环境监管失职罪便无从谈起。

环境犯罪立法之困局及出路

随着环境问题的愈演愈烈，各国纷纷出台法律保护环境，其中刑事法律发挥了重要作用，我国《刑法》也顺应环境保护的大趋势，将严重侵害环境的行为规定为犯罪。虽然我国《刑法》几经修改，但在规制环境犯罪方面效果并不明显，并没有起到环境保护的保障法的应有作用。究其原因，是刑法在规制环境犯罪方面的基本理论不成熟，有待于进一步完善。

第一节　环境的演变与环境犯罪的产生

一、环境的演变

（一）世界环境演变：文明越发达环境越倒退

环境能满足人类的需要，但满足不了人类的贪婪。

环境问题其实很早就出现了。在农耕社会，生产工具的制造水平较原始社会有了很大的改善，生产力水平也相应提高，人类不再以采集、狩猎为生，以耕种和驯养为主的生产方式应运而生。人类通过种植农作物和驯养牲畜的生产活动维持着生命的延续，一方面从自然环境中获得了丰足的食物和其他生活资料，另一方面也造成了森林和草原的减少，甚至土地的沙化。同时，随着人口数量的逐步扩大，人类活动的范围不再局限于固定的村落，开始冲破村落的"藩篱"，逐渐向外扩展，由于没有约束和规制，出现了过度砍伐和开垦等破坏自然的现象。但自然环境凭借着自己的"应变能力"经历了一次又一次破坏和重建，没有造成环境的巨大破坏，没有发展到危及人类生存和发展的地步。那时的人类还不贪婪，或者即使贪婪，也没有能力向自然疯狂地掠夺。所以，那时的环境也很温和，那时的环境问题还不叫"问题"。

工业文明改变了人类的生活，也改变了环境的面貌。工业革命带给人类的是一部灿烂史，而带给环境的则是一部创伤史。

在工业大革命到来前的漫长时期里，由于生产工具不发达，生产力水平不高，人类的生产活动对环境的影响没有超出环境的自我调控能力，人类心安理得地从环境中汲取着满足生产生活需要的物质能量，同时也释放着生产生活淘汰下来的废物。从工业大革命开始到二次大战期间，生产力水平空前提高，人类获取了强大的改造自然、征服自然的能力。那段时期，工业文明的推进严重依赖于资源的消耗，一面是对自然资源毫无节制地攫取，一面是向环境不加控制地排放。攫取得越多，排放得就越多，自然环境承受着史无前例的负担，人类也慢慢遭受到环境的"反击"。"19 世纪后期，工业革命的发源地英国的首都伦敦曾经发生过 3 次燃煤造成的污染事件，造成大约 2800 人死亡。"[1]二次世界大战后，各国工农业生产百废待兴，内燃机应用更加广泛，石油工业愈加发达，有机化学工业纷纷崛起，对环境的污染也更加严重，造成了大范围甚至全球性的污染和气候恶化，逐渐演变成"环境危机"，严重威胁到生态平衡，危及人类自身安全和制约社会经济的发展。20 世纪著名的"八大公害"事件[2]，有七大事件发生在二战后的这一时期，而这里面又有四大事件发生在战后重新崛起的日本，其中 1968 年的"米糠油事件"[3]造成数千人患病，16 人死亡。二战后兴起的第三次工业革命更是增强了人类改善生活、改造自然的能力，新材料技术、新能源技术、信息技术、生物技术、空间技术等各个领域技术的发展，改变了人类生产生活方式和思维方式，人类活动空间不再拘泥于地表范围，而是向地球内部、海洋、外层空间拓展。与之伴随的是，环境恶化程度愈演愈烈，波及范围越来越广，新的环境问题相继而生，如臭氧层破坏、全球变暖、自然灾害频发等等。20 世纪 70 年代，荷兰科学家克鲁岑发现氮的氧化物对大气臭氧层有很强

---

〔1〕 郑艳秋等：《环境的演化：自然简史》，上海科学技术文献出版社 2009 年版，第 80 页。

〔2〕 分别是比利时马斯河谷烟雾事件、美国多诺拉烟雾事件、美国洛杉矶光化学烟雾事件、英国伦敦烟雾事件、日本水俣病事件、日本富山骨痛病事件、日本四日哮喘事件、日本米糠油事件。

〔3〕 生产米糠油中用多氯联苯作载热体，因管理不善，造成毒物混进米糠油中，人畜食用后引起中毒。

的破坏作用，这些化学物质主要来自汽车和飞机的尾气。而研究表明，"臭氧层的破坏会增加环境中紫外线的辐射强度，臭氧每减少1%，地球表面的紫外线强度会相应增加2%，皮肤癌的发病率则会增加3%左右"。[1]

纵观社会发展史，人类文明的进步过程，就是自然环境的倒退过程，一部人类文明变迁史，就是一部环境演变史。

（二）我国环境演变：重复西方国家的老路

在古代社会，我国环境主要是随着人口大迁移和土地的开垦而慢慢发生变化的。据记载，秦汉时期是我国人口的一个爆发期，西汉时增至5900多万，为了解决粮食问题，秦朝迁移大批人口到河套地区垦荒，西汉垦荒活动更是愈演愈烈，开垦田地800多万顷，而垦荒活动主要是围绕黄河流域展开的，导致黄河流域水土流失严重。唐宋时期又是一个人口增长期，南宋时达到7600多万，在那个土地就是唯一衣食父母的年代，垦荒活动加剧，植被和生态遭到极大破坏，黄河泥沙剧增导致黄河水灾频发，仅宋朝时期黄河就决口50多次。明清时期，人口继续增长，到清朝时已突破1亿。这一时期植被进一步遭到破坏，水土流失更加严重，黄河决口次数的激增成了环境破坏程度的缩影：明朝黄河决口120多次，清朝决口200多次。[2]

民国以后到新中国成立这段时期，工农业生产发展相对

---

〔1〕 郑艳秋等：《环境的演化：自然简史》，上海科学技术文献出版社2009年版，第102～103页。

〔2〕 参见金晶："我国环境保护刑事立法的完善"，华东政法大学2013年博士学位论文。

迟缓，而持续不断的战争给环境造成了破坏。新中国成立后，我国环境状况与工农业生产呈现"你进我退"的步调。随着人口的持续增加、工农业生产的发展和城市的不断扩张，土地资源日益减少，耕地压力越来越大，高频度使用率和低补给率致使土地功能发生急剧退化，对化肥、农药的过度依赖和农用塑料薄膜的频繁使用，更是造成土地的严重污染。不合理利用造成土地荒漠化，目前，我国土地荒漠化面积已占国土面积约1/4，受影响人口达数亿人。水资源的短缺也让人担忧，不少湖泊萎缩甚至干涸消失，"1977 年~1985 年，我国自然湖泊总数减少了 19%，总面积缩小11%，80 年代中期以来，这种情况还在加剧"。[1]黄河下游 1972 年出现首次断流，进入 20 世纪 90 年代后，断流愈演愈烈，不仅影响到周边区域的生活用水和生产用水，还影响到下游区域的生态环境。滥采滥伐、开采资源等人类活动，导致森林资源逐渐减少，据资料显示，20 世纪 50 年代至 90 年代间，西双版纳热带雨林减少了约 1/3。而森林的破坏，就意味着其固沙保土、蓄养水分、清洁空气功能的丧失，给生态环境带来严重的负面影响。生态环境的恶化，带来的最直接的后果，就是自然灾害频发。如果这些环境问题并不是每个人都能切身感受到的，空气污染问题则是沁入每个人的心肺，现在每到秋冬季节，雾霾污染频频出现，影响到每个人的生活。在很多地方，新鲜空气成了一种奢侈品，

---

〔1〕 佚名："生态安全敲响警钟，保护环境刻不容缓"，载《中国环境报》2001 年 5 月 17 日第 3 版。

而这种奢侈品是个人花多少钱都买不到的。

西方工业文明的路我们走过，西方环境倒退的历史我们也在重新上演，而且是集中上演。环境，破坏虽易，恢复不易，且行且珍惜。

二、环境犯罪的产生及原因

环境问题是伴随着近代工业的发展而衍生的社会问题。一开始，环境污染和环境破坏行为的社会危害性不像抢劫、杀人等犯罪行为那样直接，不具有道德谴责性，各国刑法没有将其纳入调整范围。但随着人类对自然界的疯狂掠夺和肆意破坏，环境危机愈演愈烈，已经严重威胁到了人类的生存发展，其道德谴责性得到了广泛认可，一般的经济制裁和行政处罚手段已经难以遏制灾难性后果的频繁发生。因此，各国纷纷动用刑罚手段，将严重污染和破坏环境的行为定性为犯罪行为。一般的环境污染和环境破坏行为需要累积叠加才能对环境造成重大损害，而环境犯罪是严重损害环境的行为，具有直接的破坏力，因此它也成为造成环境问题的主要杀手。只不过，在人类没有认识到它的严重危害前，它是阳光下的"黑手"，肆无忌惮地蹂躏着环境，不必受到任何法律上的惩罚。当人类的意识足够觉醒，逐渐认识到了它的社会危害性，通过法律的形式给其应有的名分——环境犯罪，但这只黑手并没有因为被管制而忌惮，而是转到阴暗处继续肆虐着环境。

环境犯罪的产生，受多种因素的影响。利用法经济学的基本原理分析环境犯罪产生的原因，为规制环境犯罪提供根源上的指导，以便下文对症下药。

法经济学运用经济学的原理和工具分析犯罪现象、犯罪原因。人是有理性的而且追求利益的最大化，他一般会理性地选择是否违法犯罪，并且在违法犯罪前计算成本和收益——如果违法犯罪，会获得超额的利益，但同时也面临被惩罚和制裁的风险；如果接受惩罚和制裁的风险很小，或者即使被惩罚和制裁，付出的成本也小于收益，他就会毫不犹豫地进行违法犯罪行为，因为收益大于甚至是远远超出成本。例如对一家化工企业来说，废水通常要经过严格处理才能排放，但企业主考虑到废水处理成本很高，而当地环保部门又监管不严，便会将废水不加处理直接排放出去。当偷排行为成为一种习惯时，即使被环保部门查处，企业节省下来的废水处理费用用来支付罚款也是绰绰有余。在这样一种低风险高收益的情况下，企业不用铤而走险就可以从事违法犯罪行为。

美国法经济学家理查德·A. 波斯纳指出，由于犯罪对他的预期收益超过其预期成本，所以某人才实施犯罪。对于行为人来说，预期成本主要是实施环境犯罪所应付出的代价，主要由直接成本、惩罚成本、机会成本等几部分构成。直接成本是行为人在实施环境犯罪时所投入的物力、人力成本，如对盗伐林木的行为人来说，准备伐木工具、运输工具，雇佣工人，这些都属于直接成本，而对于偷排废水的行为人来说，他就没有这项成本，反而是减少了处理成本。惩罚成本是环境犯罪行为人被查处并判刑的损失，主要是罚金或没收财产损失、剥夺人身自由的损失。机会成本主要是行为人因为实施环境犯罪和可能因为被剥夺人身自由而丧失的从事其他活动的机会。有的环境犯罪行为人还会考虑自己的名誉成本，如一旦获罪对个人名誉造成的负面影响。

行为人的预期收益主要包括成本的降低（意味着收益的增加）和暴利两部分。成本的降低一般是对"给予型"环境犯罪来说的，主要指违法排放、倾倒或者处置废物等行为，这些类型的行为人把不经处理的废物直接"给予"环境，降低了处理成本，从而增加了收益额；暴利一般是对"索取型"环境犯罪来说的，主要指非法获取矿产资源、生物资源等行为，这些类型的行为人往往通过低投入获取高回报的资源收益。

行为人实施环境犯罪的前提是预期收益高于预期成本，如果低于便不会实施。而从实施犯罪的可能性来说，预期成本越小，实施犯罪的可能性就越大，而预期收益越大，就越刺激行为人去犯罪。在这里，利益是"魔"，呼唤着人心中的"恶"。

第二节　我国环境犯罪立法的困局及症结

一、我国环境犯罪立法的困局

（一）司法困局

目前在我国，污染和破坏环境案件频发，危害越来越触目惊心：2004 年 3 月，四川沱江发生特大水污染事故，大量高浓度氨氮废水流入沱江，导致沱江中下游 3 个城市自来水厂停产，100 万居民水源中断 26 天，直接经济损失超 2 亿元。2005 年 11 月，吉林一化工厂发生爆炸事故，100 吨苯类物质流入松花江，造成严重污染，哈尔滨全市停水 4 天，数百万居民的生活受到影响。2006 年 2 月和 3 月，有"华北明珠"之称的河北白洋淀发生大面积死鱼事件。经过调查，主要是因大量未经处理的工业和生活污水排入白洋淀所致……2014 年 11 月 18 日新华社发文称："全国十大水系水质一半污染；国控重点湖泊水质四成污染；31 个大型淡水湖泊水质 17 个污染。"[1] 虽然环境执法部门加大了执法力度，但违法行为依然普遍存在。单靠责令停产、限期整改、罚款等行政手段很难对环境违法行为人形成威慑，必须寻求更为有力的手段进行支持，这一重担自然落在了司法手段上。司法手段是否担起了这个重任呢？从司法方面来看，情况并不尽如人意：环境犯罪行为呈多发态势。"以 2013 年检察机关查办的案件为例，全年批捕环境犯罪案件 5013 件 7237 人，起诉 20 969 人。2013 年至 2014 年 4 月，检察机关查办涉及环境的渎职案件 1545 人。"[2] 这里面的原因是多方面的。

暴利是驱使很多环境犯罪行为人铤而走险的直接原因。

---

〔1〕 刘诗平等："全国十大水系水质一半污染"，载《北京日报》2014 年 11 月 19 日第 13 版。

〔2〕 徐日丹、贾阳："依法履行职能，强化对生态环境司法保护——高检院相关厅局有关负责人就检察机关查办生态环境领域犯罪情况答记者问"，载《检察日报》2014 年 6 月 13 日第 3 版。

如盗伐林木罪、非法猎捕濒危野生动物罪、非法捕捞水产品罪，行为人或者是通过低成本高产出获取高额利润，或者是利用自然资源的稀缺性获取高额收益，他们冒着被惩罚的风险，攫取着环境的价值。对于有些犯罪来说，行为人之所以愿意铤而走险，除了暴利的诱使外，还跟法律对于行为人的惩罚太轻有关。"司法实践中，毁坏草原、林地未达 1000 亩的人员多处以缓刑，罚金仅数万元。"[1]与高额收益相比，低廉的犯罪成本不足以震慑犯罪行为。

相对于个人来说，企业的污染和破坏行为对环境的损害更大。有的企业打着开发重点项目的旗号，非法侵占、损毁林地，导致林木资源大面积毁坏，破坏当地生态平衡。项目建成后，环保配套设施又不到位，给当地造成严重污染。这对环境的"双重"破坏之所以能逃过监管，往往跟一些地方官员不作为有关，因为"有能力"对环境造成污染或破坏的企业通常是地方纳税大户，地方政府考虑到财政收入和经济增长，往往对这些企业极其照顾。当环境因企业行为遭到严重污染或破坏时，地方政府会及时动用行政手段，将"家丑"捂住，让各方矛盾在"家庭内部"解决，既维护了地方形象，又保护了企业利益。因此各地大量严重损害环境的行为根本无法进入诉讼程序，有些案件即使进入诉讼程序，也不乏动用行政力量干预司法的例子。严重损害环境的

---

〔1〕 徐日丹、贾阳："依法履行职能，强化对生态环境司法保护——高检院相关厅局有关负责人就检察机关查办生态环境领域犯罪情况答记者问"，载《检察日报》2014 年 6 月 13 日第 3 版。

案子走到法院不易，但一些案子即使到了法院这里，对于法院来说，也是审理难，判决难。以环境污染犯罪为例，其往往具有复杂性、长期性、多因性等特点，认定不仅需要法律知识，还需要专业技术知识，导致犯罪事实认定困难。

企业肆无忌惮，官员养虎为祸。当企业因损害环境接受惩罚时，其背后的推手是不是就逍遥法外呢？答案当然是否定的，因为有环境监管失职罪为官员们定罪量刑。但事实是这样吗？在最高人民检察院 2013 年督办的环境领域的渎职犯罪案件说明中，最高人民检察院渎职侵权检察厅一副厅长是这样描述的："这类案件涉嫌罪名主要集中在玩忽职守罪和滥用职权罪，涉案部门和涉案人员主要以林业、环境监管、水利、国土等部门国家机关工作人员为主，犯罪嫌疑人多为基层监管人员和执法人员。"[1]环境渎职犯罪有专门的环境监管失职罪罪名，而在实际操作中却多以玩忽职守罪和滥用职权罪被起诉，为何会出现如此尴尬的局面，问题肯定出在环境监管失职罪自己身上，值得我们深思。

（二）立法困局

司法实践的困局，囿于立法的缺陷。

首先，立法体系安排不科学。目前，我国《刑法》将主要的环境犯罪罪名安排在第六章"妨害社会管理秩序罪"的第六节中，另外还有一些罪名零零散散地分布在第三章"破坏社会主义市场经济秩序罪"的第二节和第八节、第九

---

〔1〕 李万祥："环境保护'失职渎职'犯罪严重"，载《经济日报》2014年 6 月 18 日第 9 版。

章"渎职罪"等章节中。这种分散的立法体系，不仅破坏了整部刑法的周延性，还冲垮了环境犯罪法律的整体框架，使得其威慑力和打击力度大打折扣，难以肩负起有效规制环境犯罪从而保护环境的重担。隐形于各个章节中，也暴露了环境犯罪在刑法中位阶过低的尴尬地位，在环境问题早已跟每个人的生命健康、财产安全休戚相关的历史时期，在环境犯罪早已成为损害环境的主要黑手的今天，规制环境犯罪的法律却屈膝于"破坏社会主义市场经济秩序罪"、"妨害社会管理秩序罪"、"渎职罪"之下，环境法益也变成了其他法益的附属品。对付环境犯罪，还要四处借"武器"，何以能令人惧怕，何以能战无不胜。名不正则"行"不顺，法律位阶的低下，最终导致了环境司法过程中的混沌彷徨。

其次，罪名规定范围过窄。严重损害环境的行为多种多样，现有《刑法》的规定已远远落后于现实情况的变化。以环境侵害行为的对象为例，除了水资源、空气、土地、森林、矿产等传统对象遭到污染或破坏，湿地、草原、自然保护区等也成为其染指的对象，而目前刑法对这些资源的保护还处于半空白状态，使得司法规制与行政治理之间出现严重脱节，给了侵害环境行为可乘之机。另外，对于因国家机关工作人员的违法失职造成的环境损害，《刑法》只在环境监管失职罪中做出了规定，但这一罪名仅仅是限制"负有环境保护监督管理职责"的国家机关工作人员的，而对于那些并不负有直接监管职责，却利用手中的行政权力在幕后施加影响，甚至拿负有直接监管职责工作人员"当枪使"的公务人员来说，《刑法》并没有把他们纳入规制对象。这类人手中的权力更大，经常为了当地的税收利益和其他经济利益给违法企业当保护伞，纵容了企业的损害环境行为，对环境污染和破坏行为有着不可推卸的责任。

再次，罪名构成过于单一。目前，我国《刑法》惩治的环境犯罪行为主要是结果犯，如污染环境罪、非法处置进口的固体废物罪，要求"严重污染环境的"[1]或"致使公私财产遭受重大损失或者严重危害人体健康的"[2]结果出现。众所周知，环境犯罪跟其他犯罪类型有着明显区别，其损害结果并不是短时间内就能体现出来的，而损害结果一旦形成往往是不可逆转的。坐等损害结果的出现，既自断了刑法的预防功能，也不利于环境的恢复。而对于犯罪行为人来说，结果犯的"陷阱"只会让其罪恶程度越陷越深，等到损害结果出现之时，也是严厉的惩罚措施加身之际。倘若法律规制手段能提前介入，及时制止环境侵害行为，既防止了损害结果的出现，又能阻断犯罪行为人"堕落"的路径，达到挽救环境和行为人的双重效果。

最后，追诉时效成短板。我国《刑法》第 87 条规定了追诉时效期限[3]，根据法定最高刑确定追诉时效的长短。我国关于环境犯罪的刑期规定大多以 3 年至 5 年为主，最多

---

〔1〕《刑法》第 338 条。
〔2〕《刑法》第 339 条。
〔3〕《刑法》第 87 条规定："犯罪经过下列期限不再追诉：（一）法定最高刑为不满五年有期徒刑的，经过五年；（二）法定最高刑为五年以上不满十年的，经过十年；（三）法定最高刑为十年以上有期徒刑的，经过十五年……"

不超过 10 年。根据《刑法》第 87 条规定的追诉时效计算方法，我国环境犯罪的追诉时效则以 5 年为主，最多不超过 10 年。另外，根据《刑法》第 89 条规定，追诉期限从犯罪之日起算，行为有连续或继续状态的，从行为终了日起算。前面已经论述过，环境犯罪多以结果犯为主，但结果的显现要明显长于其他犯罪，很多环境犯罪等出现了环境损害的结果，离行为之日远不止 5 年或 10 年，在这种情况下，根本无法追究环境损害行为人的刑事责任，只能束法律于高阁之上，置犯罪于惩罚之外。

二、困局的症结分析

（一）"人类中心主义"不是问题的根源

环境刑法法律效果的实现依赖于其内在的正义价值和权威性，而正义价值既要考虑社会公众的普遍需求，也要衡量社会情势的变化。当今社会，公众保护环境的期许越来越迫切，而环境犯罪却与之背道而驰，且形式越来越多样化，破坏程度越来越严重。环境刑法在应对新情势的变化时，却显得有心无力，因此必须适时做出调整完善。在分析现行环境刑法存在的问题时，有的学者从立法技巧角度找原因，有的学者则从更深层次的环境伦理角度找原因。我国刑事法律的立法技巧较之西方确有不足之处，但这不是环境犯罪立法困局的根本所在，如果单单通过立法技巧的提高就能解决困局，我们应该感到庆幸，因为这并不是什么难事，技巧相对于基本理论来说是很容易习得的，但实际情况并非如此，立法技巧不是症结所在。而从环境伦理角度找原因，看似深刻，但也徒劳。很多学者将矛头指向了"人类中心主义"伦理观。"人类中心主义"认为人类是自然界的中心，自然存在的价值就是为了满足人类生存和发展的各种需要。有的学者认为，"人类中心主义"的伦理观必然导致自然生活中的物种歧视主义，是造成人们高高在上、肆意掠夺自然环境，造成环境污染和环境破坏的根源。在环境伦理问题上存在"以人的利益为中心"和"以生态利益为中心"两种观点之争，且在环境问题严峻的今天，后者大有取代前者之趋势。但法律始终是无法逃脱"以人为本"的"局限"的，"法律的手段和目的都是并且也只能是指向人的"。[1]

在各家环境伦理学说众说纷纭之下，环境伦理换了一层又一层外衣，有的学者提出新型"人类中心主义"，有的提出人与自然和谐共赢。无论怎么变，其实都是为了保护以人类为中心的根本利益，都没有脱离人类中心主义这个基本内核。其实，"人类中心主义"伦理观本身就没有错，为了人类利益就可以肆意破坏自然环境并不是它的应有之义。恰恰相反，如果人们能够真正坚持以人类利益为中心，真正从人类的持久发展考虑，就会站在人类与自然和谐相处的角度，形成自觉的环境保护意识，跟损害环境的行为做斗争。倒是动物权利论、生物平等论、生态中心论者违背了法律的价值观念，因为法律是以人为价值主体的，不存在人之外的价值

---

[1] 张梓太、陶蕾："环境刑法的法益初论——环境刑法究竟保护什么"，载《南京大学法律评论》2001 年第 2 期。

主体。生物、动物都不是行使"权利"的主体，也不是履行与"权利"相对应的"义务"的主体。如若说动物权利论、生态中心论者的论述有意义，也是伦理学上的意义，并不属于法学范畴。

（二）传统理论已跟不上环境犯罪的步伐

如果说环境犯罪行为人对于环境的肆意侵害，是源于经济利益的驱动和环境意识的淡薄，而立法者对于环境侵害的无奈，则源于环境刑法基本理论的不成熟，难以支撑起环境犯罪立法的整体架构。传统刑法理论已跟不上环境问题演变的进程和环境犯罪发展的步伐。

环境危机和环境保护的迫切要求对刑法学理论提出了新的要求，促使刑法学者根据环境危机的特点和环境法学的发展，结合刑法学基本理论，构建全新的环境刑法学理论体系，其中最关键的一环便是对环境犯罪侵害法益的认识。侵害法益是揭示犯罪本质、划分犯罪类型的主要依据，刑法传统理论的不足之处主要体现在对环境犯罪侵害法益的认识上。学界对环境犯罪侵害法益的认识见仁见智，存在多种学说，主要有：

第一，公共安全说。这是 1997 年《刑法》颁布前的观点，该学说认为："环境犯罪因危害环保法规定的环境要素而危害公共安全。"[1]该学说将环境犯罪侵害的法益同放火、决水、爆炸等以危险方法危害公共安全罪的侵害法益混

---

〔1〕 王力生、牛广义："环境犯罪及其立法的完善"，载《当代法学》1991年第3期。

为一谈，夸大了环境犯罪的社会危害性。虽然有些环境犯罪会危害到不特定多数人的人身和财产，但这种危害是隐蔽的、难以控制的，并不具备危害公共安全的恶意程度。再者，有些环境犯罪并不会威胁到公共安全，如非法捕捞水产品罪、非法狩猎罪、非法采矿罪，这些犯罪行为跟公共安全根本就是风马牛不相及。正因为其自身的缺陷，1997 年《刑法》并没有采纳该学说。

第二，环境保护管理制度说。这是 1997 年《刑法》颁布后的主流学说，该学说认为，环境犯罪侵害的不是人的人身权和财产权，而是国家对环境资源的保护管理制度。该学说跟 1997 年《刑法》的规定高度契合，1997 年《刑法》在"妨害社会管理秩序罪"一章中设置"破坏环境资源保护罪"，从立法上"迎合"了环境犯罪侵害的是国家对环境资源的保护管理制度学说。但该学说把环境犯罪归结为是对环境保护管理制度的侵害，只看到了表象的东西，没有深入挖掘到环境犯罪实质上是对关乎人类生存与发展的环境要素的侵害。随着环境法理论的发展和环境犯罪理论的深入，该学说逐渐被摒弃。

第三，环境社会关系说。该说具体可分为新、旧两种环境社会关系说。旧环境社会关系说认为："环境犯罪侵害的是环境社会关系，即人们在开发、利用、保护和改善环境的过程中形成的社会关系。"[1]该学说没有把人与自然的生态

---

〔1〕 吴志良、李水生："环境犯罪的构成要件"，载《中国环境科学》1998年第 1 期。

关系包含在内，认识并不全面。新环境社会关系说是近几年学者提出的一种新观点，认为"环境犯罪侵害的是我国刑法所保护的人与自然之间生态受到破坏所反映出来的社会关系"。[1]该学说充分反映了人和自然的融合关系，是对旧环境社会关系说的发展。新、旧环境社会关系说都是从社会关系的角度界定环境犯罪侵害的法益，相比其他学说更加深入，尤其是新环境社会关系说从人和自然的融合角度出发，内涵了环境对人生存发展的价值，有可取之处。但是该观点并没有揭示生态受到破坏所反映出来的人与自然间的关系是一种什么样的关系，是人与自然之间的利益关系？还是国家对环境的管理关系？这些都是需要进一步探究的。

"借来"的理论终究不适合自己，无法起到良好的法律效果。传统理论已经严重滞后于环境犯罪发展的步伐，无法满足人们对环境保护的迫切需求。适用实践需求的理论能更好地服务实践、指导实践，构建合适的基础理论成为规制环境犯罪、保护环境的关键。

第三节　困局之突破口——环境利益

一、环境权不是救命稻草

我国传统刑法以对人身权、财产权和其他权利的保护为

---

〔1〕　赵秉志等：《环境犯罪及其立法完善——从比较法的角度》，北京师范大学出版社 2011 年版，第 43 页。

己任，人身权、财产权和其他权利成为刑法保护的重要对象，因此很多学者把环境法中的环境权移植过来，加以论证推演，构建环境刑法的环境权理论，认为环境犯罪本质上是对公民环境权的侵害，刑法可以通过对公民环境权的保护实现对人类环境的保护。如有的学者提出，环境犯罪侵害的法益是环境权，有的学者提出，"明确规定环境权作为公民的一项基本权利，受刑法保护"。[1]有的学者则提出，"强化环境权的刑法保护是完善我国环境刑法的必经之路"。[2]

环境权理论的引入似乎为环境刑法找到了"魂"，重构环境刑法体系似乎因此有了基石。但实际上，这只是"水中的月亮"，看上去很美。环境权理论诞生于 20 世纪 60 年代，它是带着环境法的理论基石的光环来到世上的，但它的发展之路磕磕绊绊，并没有得到理论和实践的一致认可，主要表现在概念模糊、范围不确定等方面，而在权利具体化方面的争议则最大。在环境权理论初创之时，很多学者将公民、单位、国家都纳入其主体范围，显然单位、国家既没有"清洁空气"的需求，也没有"良好光照"的需求，跟环境权没有瓜葛，有瓜葛的也只是环境事务参与权或管理权，而这些都不是环境权的范畴。因此学者们忍痛割爱，只保留了公民环境权。环境违法犯罪行为通常以污染环境、破坏环境的方式侵害公民的人身权、财产权，环境权论者通过赋予公

---

〔1〕 李茂军等："试论公民环境权的刑事保障"，载《山西青年管理干部学院学报》2003 年第 3 期。

〔2〕 刘润发："论我国环境刑法的路径选择——基于环境权的刑法保护"，载《湖南税务高等专科学校学报》2007 年第 5 期。

民以环境权，使公民在遭受环境侵害时据此提请救济，或者国家司法机据此惩罚环境犯罪。公民环境权实际上是将人类环境权私权化了，看似合情合理，其实有悖法理。"人类环境权中的人类是集合概念，这种意义上的人类所享有的权利不必然落实在作为人类的分子的自然人身上。"[1]从根本上讲，人类环境的整体性决定了环境权难以成为公民个体支配的对象，真正能为个体支配的实际上只是跟环境有关的公民权利。私权化了的公民环境权即使能够成立，也难以用来解决环境危机和环境犯罪问题。一方面，如果环境刑法以私权性质的公民环境权作为保护对象，对于那些远离公民所及范围的环境犯罪行为将无法追究刑事责任，比如非法猎捕濒危野生动物、在原始森林里盗伐林木，这些犯罪行为可能跟任何公民都没有直接的关系。另一方面，由于环境犯罪造成的环境损害具有长期潜伏性，在短时间内不会对公民造成不良影响，司法机关是不是就要继续放任这种行为等待至给公民环境权造成侵害之时？这与环境刑法规制环境犯罪、保护环境的使命相距甚远。因此，环境权理论纳入环境刑法，实现的只是对公民个体关于环境权利的保护，无法从根本上规制环境犯罪，实现对整体环境的保护。

再者，通常来讲，一种权利从提出到得到保护需经历三个阶段：应有权利阶段（按照人性、人道应该拥有的权利）、法定权利阶段（按照法律规定，公民拥有的权利）、

［1］ 徐祥民："对'公民环境权论'的几点疑问"，载《中国法学》2004年第2期。

实有权利阶段（公民在现实中拥有的权利）。目前在我国，环境权还停留在应有权利阶段，连环境法的法定权利都不是，如何谈论纳入刑法权利的法律体系？有病得医，但切忌乱投医，找对了大夫，才能药到病除，环境刑法要找的大夫显然不是环境权。

二、视角转换：从权利到利益

权利泛滥时代的思维方式让我们难以割舍对权利路径的依赖，但公民环境权理论因自己的不周延而难担完善立法、惩戒环境犯罪的重任，只有转换视角才会有出路。抛开思维惯性的束缚，法律丰富的"工具库"里，权利并不是唯一的利器。在需要法律保护的对象中，权利也并不是唯一的可能受到侵害的对象。利益本来就是权利的基础，不能成为权利也可以受法律保护，对于不具备权利基础但又必须保护的正当利益，法律同样不会袖手旁观。随着社会经济的发展，不断有新的正当利益呈现出来，它们囿于现实困境和理论基础难以纳入权利的范畴，难道就要因此被排除出法律的视域范围吗？法律对正当利益的保护并不以形成权利为前提条件，权利路径并不是保护利益的唯一出路。美国现代社会法学派创始人庞德曾指出："法的目的和任务就在于最大限度满足和调和各种利益，法学要考虑利益、主张和要求，而不仅仅考虑法定的权利。"[1]

----

〔1〕　张文显：《20 世纪西方法哲学思潮研究》，法律出版社 1996 年版，第123 页。

"环境是自然提供给人类的客观利益，而不是以人们之间相互关系为前提的权利。"[1]这种客观利益实际上就是环境利益，是自然对人们环境需求的满足，它不同于传统的人身利益、财产利益，是一种新型的利益形态。在环境问题日益严重、环境侵害行为频发的现代社会，环境对于人类的价值越来越大，环境利益从人类的诸多利益需求中显露出来。当环境权还没有正式进入权利家谱的时候，环境利益已成为环境时代利益家族中的一员。对环境问题和环境犯罪的理解，从利益角度出发会打开一扇新的窗户，发现一条新的道路。环境犯罪从本质上来看，是对人类环境利益的侵害，保护这种利益是环境刑法的应有之义和根本目的，而目前我国环境刑法存在诸多不足，没有对环境犯罪起到良好的预防和遏制作用，没有充分发挥对环境利益的保护作用。应以环境利益为突破口，通过对环境利益的分析论证，结合刑法基本理论，运用法益理论，寻求一条完善环境刑法、规制环境犯罪的新路。

第四节　环境利益的本质特征

确定环境利益的概念是展开研究的基础，概念不清难免会让研究破绽百出。因此，必须正确厘定环境利益的概念，在此基础上进一步探讨环境利益对于调整环境犯罪的价值。但

---

[1] 徐祥民："对'公民环境权论'的几点疑问"，载《中国法学》2004年第2期。

要厘定环境利益的概念，先要从它的核心概念——利益说起。

一、什么是利益

利益是一个使用非常广泛的词语，其意义也十分宽泛。在西方，跟利益对应的英文单词是 interest，这个单词除了有利益之意外，还有权利、利息的意思。interest 最原始的意思是指主体的行为总是指向跟自己相关联的事物，即自己需求的事物。后来，利益逐渐演变成为满足某种需要而努力争取的东西。利益概念是西方法哲学理论研究中的基础概念。思想家奥古斯丁认为："利益来源于人的强烈的内心贪婪欲望。"[1]人的强烈的欲望其实就是人内在的需求，因此利益跟人的需要紧密相连。经院哲学代表人物阿奎那提出，共同利益是维持人类结群生活之必需，但也不能忽视个体的私人利益。在中国的春秋战国时期，诸子百家就把利益作为分析世间万物的基本概念，法家代表人物管仲提出了"趋利避害"的人性论，认为人具有追求利益和避讳不利事情的本能。儒家代表人物荀子则提出人有"好利而恶害"的本性。在当时的诸多著作中也随处可见"利益"的身影，如《论语》同样把"利"放到核心概念的地位。[2]"利"和"益"之前一直都是单独使用的，直到《后汉书》的出

---

[1] 高鹏程："西方知识史上利益概念的源流"，载《天津社会科学》2005 年第 4 期。

[2] 严法善、刘会齐：《环境利益论》，复旦大学出版社 2010 年版，第 25 页。

现，首次将两者合成一个词，在《后汉书》的《卫飒传》中出现了"民得利益焉"的句子。[1]"利"和"益"的引申义都有"好处"的意思，二者合成一个词语时，基本含义是以某种事物为内容的好处，实际意思是指对需要的满足，其实"好处"就是对人需要的满足，二者的意思是相通的。

作为一个科学概念，"利益"应该具有高度的概括性和抽象性。对比西方和中国的利益概念，利益其实都是指满足人的需要的东西。利益源于需要，只有需要的满足才是利益。利益是一种客观存在，是否能满足人们的某种需要是判断利益是否存在的标准，如若一个事物不能满足某种需要，它就无法形成利益。利益有大小之分，利益的大小并不取决于需求事物本身的价值，而是取决于人类的需求有多大。当良好的环境处处环绕着人类时，人类对清洁的水源、新鲜的空气没有强烈的需求，环境利益对人来说就是"小"利益；当环境危机来临，水源不再清洁、空气不再新鲜时，人们对良好环境就有强烈的需求，环境利益对人来说就是"大"利益。

利益受到东西方学者的共同关注并不是出于巧合，而是源于利益对社会发展的价值。利益是社会历史活动的基础和动因，它影响着人们的思想，决定着人们的社会实践，各种社会矛盾都是由利益引起的。马克思把利益上升到了社会推动力的高度，人们从事社会生产是为了利益，分配、交换商品是为了利益，人们结成各种社会关系也是为了利益，具体

---

〔1〕 张成兴："试论利益概念"，载《青海社会科学》2000 年第 4 期。

到每个人，学习、工作、生育孩子都是为了自己的利益，满足自己的某种需要。人类的社会活动其实是以满足各种不同的利益需求为动机的，没有了利益，社会活动将会停滞。当今社会，利益的形式多种多样，人们有不同的需要就有不同的利益，但最基本的利益就是必须满足人的生存需要，这其中包括吃、穿、住的需要和良好环境的需要，这些需要的满足是人生存繁衍的基本条件。

利益之于犯罪也有着重要影响，马克思主义利益论认为，犯罪是各种利益冲突的产物，是利益冲突的一种极端的表现方式，不同利益主体的一方为了满足自己的某种需要或实现一定的目的，而侵害另一方的利益。因此，对于环境犯罪来说，其实是行为人为了满足自己的经济利益或其他利益，而侵害他人环境利益的行为。

二、什么是环境利益

每当谈到利益，人们首先想到的是物质利益和精神利益，但在环境问题越来越严重的现代社会，环境利益成了跟人休戚相关的核心利益。人的繁衍生息离不开环境，人需要环境提供清洁的水、新鲜的空气，环境是人生存发展的基本需求。跟地球上的其他物种一样，人是受环境制约和限制的自然存在物，依赖于自然环境而存在，需要各种自然条件——光照、水资源、空气来满足自己生存的需要。离开了环境，人便没有栖息之所，身处恶劣的环境中，人的生存便受到威胁。

那什么是环境利益呢？之前很多学者对此做过论述。有的学者从历史唯物主义的视角界定环境利益，[1]侧重从生产关系和社会关系的角度出发，阐释人的环境需要，虽然认识非常深刻，但没有阐明环境满足人的是何种需要，弱化了环境对于人的自然需要。有的学者从经济学的角度阐述环境利益，[2]突出的是环境的经济价值，属于纯正的经济学概念，与法学和环境保护的理念相去甚远。在环境法学界，关于环境利益的论述也是见仁见智，有的学者着重从主客体关系角度界定环境利益概念，[3]阐明人之于环境利益是主体，环境利益之于人是客体。有的学者侧重了对环境利益如何保护，[4]对概念的定义却较为模糊。有的学者则阐述了人对环境的需要和环境对人的满足的动态关系[5]。以上学者的

---

〔1〕 王强先生指出："基于一定生产基础上获得了社会内容和特性的环境需要，就是环境利益。"参见王强："马克思主义环境利益思想研究"，东北师范大学 2010 年博士论文。

〔2〕 严法善、刘会齐先生指出："环境利益就是环境给人类带来的好处，它主要体现在环境给人们带来的经济利益的获得，以及环境在经济利益获得中发挥的作用。"参见严法善、刘会齐：《环境利益论》，复旦大学出版社 2010 年版，第 35 页。

〔3〕 蔡守秋先生指出："人的环境是人的需要，是满足人的需要的东西、因素和条件，所以环境就是人的利益即环境利益。"参见蔡守秋：《调整论——对主流法理学的反思与补充》，高等教育出版社 2003 年版，第 10 页。

〔4〕 李启家、李丹先生指出："环境利益是指在满足大多数人需要的同时保护和优化生态系统，保持生态生产力可持续运行能力，以满足全人类整体和长远需要的效益。"参见李启家、李丹："环境法的利益分析之提纲"，载《2003年环境资源法学国际研讨会论文集》。

〔5〕 杜健勋先生指出："环境利益是人类利益的重要组成部分，是人对环境的需要并且环境能为人类需要满足的利益表达。"参见杜健勋："环境利益：一个规范性的法律解释"，载《中国人口·资源与环境》2013 年第 2 期。

阐述中，除了经济学者侧重的是环境的经济利益的表达外（这与法学概念出入较大），其他阐述都有可借鉴之处，尤其是环境法学者的阐述，意义比较大。所谓环境利益，是指环境对人的生存发展的环境需要的满足。理解这一概念，应该掌握以下几点。

第一，环境利益不是环境的利益。有一种观点认为，环境利益是指环境的利益。这种观点主要是受"生态中心主义"论的影响，主张承认"环境"的法律主体地位，把"环境"当成环境利益的主体。这种观点混淆了环境伦理学和法律的基本理论，法律是调整人与人的社会关系的行为规范，法律之所以对环境问题进行调整，是因为环境问题内含着人与人之间的环境利益，抛开人的因素，单纯对环境的调整没有任何意义。环境的利益只能在环境伦理学中找到理论基础和应用价值。"环境利益"是由"环境"和"利益"两个有着独立含义的词汇合成的一个概念，环境是以人为中心的环境，利益是人的利益，是人关于环境的利益。环境利益是对人生存和发展的环境需求的满足，而不是对环境的各个组成部分的需求的满足，是人在环境方面的利益，不是环境自己的利益。因此，人才是环境利益的主体，环境依附于人，才得到了法律的眷顾。而且，环境利益的主体这个"人"，只限于生物的人，法律拟制人如法人，不是环境利益的主体，因为环境因素是生物人延续生命的必要条件，而法律拟制人并不以生命的延续为存在条件，它们对环境的需要不是环境利益，而是经济利益或者其他形式的利益。

第二，环境利益不是部分人的私益。环境利益以环境为基础条件，环境是属于人类共有的，是一个统一的整体，不可分割。"这种环境是不可分的，这种环境所带来的利益也是不可分的。"[1]作为第一个全球范围的环境宣言，《人类环境宣言》在第18条中将人类这种不可分割的环境利益宣示为"人类的共同利益"。共同利益的属性意味着环境利益不是某个人的利益，也不是某一部分人的利益，而是全人类的利益；环境利益不是前代人特有的利益，也不是只属于现代人的利益，更不是后代人专有的利益，而是人类这个群体不可分割的利益，无法转让也不能继承；环境利益不是特定区域的人的利益，而是属于全地球的利益。因此，环境利益不能被某部分、某个阶段、某个区域的人独享，只能整体归属于地球上的全人类。环境利益的这种不可分割性决定了任何对环境的侵害，都是对人类整体环境利益的损害，无论来自天南还是海北的人，无论对具体的人是否造成直接损害，这些人的环境利益都遭受了损害，这才是真正的整体性的环境利益。美国的《濒危物种法》很好地体现了环境利益整体性这一特点，规定"任何人'有权代表自己'对涉嫌违反该法的和依据该法授权颁布的任何规章的行为，对包括美国联邦政府及其他政府机构在内的任何人提起诉讼"。[2]任

---

〔1〕 徐祥民："环境权论——人权发展历史分期的视角"，载《中国社会科学》2004年第4期。

〔2〕 刘惠荣、苑银和："环境利益分配论批判"，载《山东社会科学》2013年第4期。

何人都有提起诉讼的资格，正是基于环境的整体性——虽然"任何人"可能跟濒危物种没有直接的利害关系，但濒危物种是公共的，是整体利益，一旦受到侵害，任何人都有权维护。人类的整体环境利益跟多数人或某个集体的"环境利益"是有区别的，所谓的"多数人"实际上是指由多个人组成的部分人，这些多数人的环境利益看似具有"公"的特点，但实际上只是与环境有关的多个人的利益，是这部分人的整体"私"益。因此，不管是多个人的环境利益还是某个集体的共同环境利益，都是公益外衣掩盖下的这部分人的私益，跟人类的环境利益不可同日而语。

第三，环境利益不包含经济利益。对人类而言，环境具有两项基本功能——生产性功能和生存性功能。相应地，人类对环境有两大利益需求——经济利益和环境利益。自然环境能够满足人类多种需要，人类通过生产活动创造物质财富，满足生产和生活需要，这是自然环境给予人的经济利益。同时，自然环境向人类提供了生命存活的基本条件（清洁空气、良好水源等），满足人类对环境的需要，这种需要便是环境赋予人类的环境利益。在长期的环境资源开发过程中，人们通常从经济利益的角度去衡量环境的价值，而弱化了人类的环境利益。这种观念导致的后果，便是对环境资源的掠夺性开发和肆意破坏，只开发不保护，带走了经济利益的同时也掠夺走了环境利益。随着环境问题的日益严峻和人们环境保护意识的增强，人们渐渐意识到了自然资源的生态价值，环境利益作为一种关系人类生存和发展的利益形态逐渐浮现出来，并被人们所认可。环境利益不包含经济利益的特性决定了其不能用经济价值来衡量，如森林涵养水源、防止水土流失、保存生物多样、稳定和改善气候等生态价值，是无法用金钱来衡量的。而经济利益直接体现在用货币衡量其价值，一片森林有多少棵树，这些树能出多少木材，最终都会用具体的价格来衡量，也就是这片森林的经济价值。经济利益的价值在于对人们生产生活物质条件的满足，而环境利益的价值在于对人的生存和发展的自然属性的满足，是人所必需的基本的自然条件，这种关系生存和发展的自然利益是无法用金钱来度量的，是无价的。

第四，环境利益不但不包含经济利益，而且正是环境利益和经济利益的冲突导致了环境问题的恶化，甚至环境犯罪的产生。在过去经济利益占主导地位的理念的影响下，环境利益受到长期的排挤，没有得到人们的呵护，更缺乏法律的有效保护。人类不能只吃饭、穿衣、居住，还要呼吸空气、饮用水源，无论缺少了哪一样，人类都会面临生死存亡的境地。因此，为了人类的生存和发展，在向环境索取经济利益的同时，维护好人类的环境利益，二者同时兼顾，才能维持人类社会的长久发展。

第五，环境利益不同于财产利益。环境利益不同于财产利益可以自由支配，财产利益源于物权关系，是个体基于所有权、用益物权或其他权利而享有的利益，而环境利益是人类基于环境的不可分割性而整体享有的利益，不能由人类个体自由支配。"作为英美法系环境法起源的普通法，对环境保护的实现曾长期依靠一个重要手段——财产法。"〔1〕以财产法来调整环境问题，随之而来的便是人类的环境利益被归结为财产利益，导致的直接后果就是环境资源被当成财产任意处理，这种状态下何谈环境的保护。通常情况下，环境侵害行为会损害人的财产利益，这只是损害环境利益的连带损害。环境利益的损害是财产利益损害的基础或根源——环境利益先受到损害，其后才是财产利益的损害，财产利益的损害是以环境利益受损为前提条件的，这是因为环境侵害行为降低了环境的质量，经过连锁反应或累积效应，才渐渐对人的财产利益造成损害。如企业违法向湖里排放有毒废水，导致湖水严重污染，水中动植物大面积死亡，损害了在该水域进行鱼虾养殖的养殖户的财产利益。可见，环境犯罪直接侵害的是环境利益，进而可能侵害财产利益，财产利益是间接损害。因此，在对环境侵害行为进行定罪时，环境利益损害应是唯一标准和唯一依据，没有其他的标准和依据，财产损害可以考虑将其列为量刑的结果加重标准和依据。

三、环境利益的本质特征

人类生活在地球上，"享用"着自然环境为人类无偿提供的各种"福利"——适合人类饮用的水源、食用的动植物资源、呼吸的空气，但同时又受着自然环境的制约，当水源不再清洁，动植物资源日益减少，空气不再清新，人类的

---

〔1〕 李爱年、胡春冬："财产法与环境保护——普通法的一个视角"，载《重庆大学学报》（社会科学版）2007 年第 2 期。

生存和发展便受到了威胁。环境出现问题，发生了不利于人类的变化，环境利益便产生了，即"环境出了问题才产生了环境利益概念"，[1]因此，"环境利益具有时代性"。[2]工业文明的出现，促进了人类社会的发展，但同时也对环境产生了一些副作用——人类改造自然的进程超越了自然所能承受的范围，导致环境出现了问题，对人类的有用性降低了，人类不再像以前一样"享受"环境所带来的优质"福利"。水体污染、资源枯竭、空气污染、土地沙化、草原退化等，使得自然环境为人类提供的"福利"变成了"负利"，这种"负利"便是负环境利益，是环境发生不利变化的结果。人类要实现自己的环境利益，就要把这种负环境利益扭转过来，即把遭受污染的水体变清洁，把枯竭的资源变得更加丰富，让污浊的空气变得更加清新，总之就是让人类享有环境本来的品质，而不是变了"质"的环境。因此，"环境利益是以人类为尺度的环境状态或品质"，[3]环境利益的本质特征便是环境品质。

环境品质是客观存在的，是人类生存和发展所需要的基本的自然条件。无论你关注或者不关注，环境品质就在那里。只不过，当人类活动及其影响在自然环境承受能力之内

---

〔1〕 徐祥民、朱雯："环境利益的本质特征"，载《法学论坛》2014年第6期。

〔2〕 徐祥民、朱雯："环境利益的本质特征"，载《法学论坛》2014年第6期。

〔3〕 徐祥民、朱雯："环境利益的本质特征"，载《法学论坛》2014年第6期。

时，人们不会注意环境品质的存在，也没有实现环境利益的诉求；当人类活动及其影响超出了自然环境承受能力时，环境问题便产生了，环境的品质才会受到人们的关注，才会要求环境利益的实现。比如，臭氧层主要分布在 20 000 米 ~ 25 000 米的高空，它可以吸收 99% 的紫外线，保护生活在地球上的人类和其他物种免遭紫外线的伤害。在之前的很长一段时间内，人类没有关注臭氧层的存在。但由于人类活动的加剧，向大气中排放了过多的温室气体，导致臭氧浓度降低，并最终形成臭氧空洞，照射到地面的紫外线增强，对地球生物细胞具有很强的杀伤作用，对生态系统产生不利的影响，在这种情况下，人类才要求维护自己的环境利益，控制温室气体的排放，以减少对臭氧层的破坏。

环境利益的刑法化路径

随着环境危机的日益严重，各国纷纷通过立法加强对环境的保护，而各国通过对严重损害环境的行为推行"犯罪化"或"刑法化"，强化刑事手段在保护人类环境中的作用，我国也不例外。一直以来，由于我国刑法关于环境犯罪的基本理论不成熟，使得规制环境犯罪的法律条文长期"寄人篱下"，无法真正发挥惩治严重损害环境行为的作用。环境利益作为与人身利益、财产利益完全不同性质的又一种利益形式，与人类的生存和发展休戚相关，理应受到刑法的保护。

第一节　刑法法益基本理论

刑法法益是刑法所表达和保护的利益，是对犯罪行为进行定性的基础，是刑事立法和司法的根基。刑法法益是否遭到侵害，是确定行为是否具有可罚性的依据，而侵害的是何种法益，则是区分犯罪类型的标准。通过对环境犯罪侵害法益的剖析，构建环境刑法的法益理论，从根本上抓住环境犯

罪的本质，以此作为对环境刑事法律进行完善的理论基石和
先导。

一、何为刑法法益

(一) 刑法法益的含义

法律跟利益是密不可分的，法律是利益分化、私有制和
国家发展到一定阶段的产物。利益不仅决定了法律的产生，
还决定着法律的发展和运行。法律因此成了利益的表达和实
现方式，任何国家的法律都是围绕着利益调整所展开的，刑
法也不例外。

虽然法律和利益的关系亲密无间，但法益概念的出现却
相对较晚，这还要归功于刑法理论的发展——最初是由西方
学者在探求犯罪的本质是什么的过程中提出的。德国哲学家
费尔巴哈基于"天赋人权"的理论基础，提出了犯罪本质
的"权利侵害"说，认为犯罪的本质是对权利的侵害。但
是"权利"一词是一个高度抽象的概念，"权利"遭受侵害
无法解释所有的犯罪类型，如遭到抢劫的人，其失去了对财
产的控制，可财产权依然是属于他的，并没有因为遭到抢劫
而丧失。再者，"权利侵害"说是从个人本位出发的理论，
侧重对个人利益的保护，无法涵盖对社会利益的保护，因此
具有一定的局限性。但它为后来的法益理论提供了思想基
础，被称为"法益侵害"说的启蒙学说。后来同样来自德
国的毕尔巴模在"权利侵害"说的基础上，提出了犯罪本
质的"法的益（法的财）侵害"说，即犯罪是对刑法所保

护的"益"或"财"的侵害。毕尔巴模提出，犯罪是对具体的、有形的生命、财产、自由、名誉等的侵害，这些具体的、有形的生命、财产、自由、名誉被其称为"益"或"财"。毕尔巴模为"高高在上"的权利找到了具体的"附着物"，犯罪的侵害对象更加容易把握。比较费尔巴哈的"权利侵害"说和毕尔巴模的"法的益侵害"说，可以发现它们的明显区别：首先，权利是抽象的概念，是主观化的，而法的益是具体的，是客观存在的；其次，权利"高高在上"，而法的益更接地气，是实实在在看得见摸得着的东西，是可实际遭到侵害之物。

虽然毕尔巴模没有明确提出"法益"这个概念，但后人仍认为他是法益学说的创建者。其后，经过宾丁和李斯特的完善发展，逐步创设了"法益"这个概念，并使其上升为刑法的基本概念。宾丁是这样概括法益的："国家根据其意志，将被评价为值得保护的情形宣布为法益。"[1]在宾丁的法益学说中，突出了国家意志，法益实际上成为国家意志的附属物。跟宾丁有所区别，李斯特突出了人的地位，将法益归结为人的利益，强调人的"生活利益"，即"法都是为了人而存在的。人的利益，换言之，个人的及全体的利益都应当通过法的规定得到保护和促进。我们将法所保护的这种利益叫作法益"。[2]虽然宾丁和李斯特理论基础不同，但他

---

[1] 苏青："法益理论的发展源流及其启示"，载《法律科学》2011年第3期。

[2] 张明楷：《法益初论》，中国政法大学出版社2003年版，第35页。

们都指出，法益是刑法所保护的客体，犯罪的实质是对法益的侵害。

法益学说从诞生到现在，各个流派百家争鸣，提出了各自的观点。法益是由法律认可和保护的，可能遭受侵害或威胁的人的利益。而由刑法认可和保护的，可能遭受侵害或威胁的人的利益，则为刑法法益。

（二）刑法法益解析

为了弄清刑法法益的真正内涵，有必要对其进行深入解析。

刑法法益是一种利益。利益是能够满足人们物质需要和精神需要的东西，利益源于需要，是需要刺激人们去寻求物质财富和精神财富上的满足。利益是社会发展的根据，离开了利益，社会发展就失去了原动力，而法便是对这种利益进行调整的行为规范，经过法规范的利益便成了法益。利益具有时间性和空间性，会随着时间和空间的变化而变化，人们在不同的时期有不同的利益需求，在不同的空间范围内，利益需求差别也是巨大的。例如，现代人类通常都具有对外交往的利益需求，而生活在南美洲的原始部落却没有，通畅的交往途径对他们来说不但不是利益，还是危害，因为对他们而言，对外交往是对他们的侵扰，而且可能带来灭顶之灾。利益具有高度的社会关系属性，由于人们的社会关系是多方面的，人们的利益也是多种多样的。在各种各样的利益中，经济利益居于主要位置。一切经济活动和经济关系都是围绕着经济利益展开的，从事经济活动的主体，都试图以最小的投入获取最大的经济利益，损害环境的企业主也是如此，他们试图把废物、废水无偿地转移给环境，这样就减少了处理成本，从而可以获取更大的经济利益。如果不对其进行惩罚（或者即使进行惩罚，他们接受惩罚的成本也小于处理成本），他们会继续重复自己的行为模式，向环境"索取"巨大的经济利益。

刑法法益是人与人之间的利益。利益从本质上讲属于社会关系的范畴，利益无论如何演化，都保持着一个根本的属性——人们通过社会关系表达不同的需求。"法益的主体只能是人或与人的群体有关的概念，只有人的利益可以称之为法益。"[1]可见，法所调整的是人的利益，不是其他物种或物体的利益，离开了人，法就失去了其应有的价值，就像人类没有涉足南极大陆之前，没有哪个国家或国际组织会制订一部调整南极利益关系的法律，在没有飞上太空之前，也没有哪个国家或国际组织会颁布一部调整太空关系的法律。法律的眼里只有人，没有其他的东西，人走到哪里，法律就会跟到哪里。环境利益是人类的利益，在环境问题产生之前的几千年中，法律这个大家族中，很难寻得环境法律的踪迹，更不用说环境刑事法律，因为那段时期人类的环境利益一直平安无事。法律不会因为空气质量的稍微下降影响了猩猩的呼吸而出手救助，除非这种影响危及到了猩猩群体的生命引起连锁反应，从而破坏了生态的平衡（当然这种生态的平

---

〔1〕 张梓太：《环境法律责任研究》，商务印书馆 2004 年版，第 267 页。

衡会危害人类利益），不然，法律依旧无动于衷，因为人类的环境利益未受殃及。只有人的利益受到侵害或威胁，法律才会被触动。

刑法法益是可能遭受侵害或威胁的利益。从法的产生来看，利益的分化最终导致了法的产生。原始社会时期，人与人之间没有阶级的区别，不存在阶级利益的争夺，便也不需要法律来认可和保护某个群体的利益。但随着阶级的产生，出现了阶级利益的分化，慢慢地国家产生之后，便需要法律来认可和保护统治阶级的利益，因为统治阶级害怕自己的利益遭受侵害和威胁。从法对法益的选择和确认过程来看，法之所以要将某些人的利益上升到法益进行保护，也是因为这些法益面临侵害和威胁。就像人们一直以来享有良好的生存环境——清洁的空气、干净的水源、肥美的土地，从没为这些问题所侵扰，法律也没有把触角伸过来。直到有一天，人们越来越觉得空气不再清洁、水源不再干净，甚至人们的健康和生命也遭受了侵害和威胁，这时候，法律没有作壁上观，而是出手来保护人们的利益。

刑法法益是刑法承认的利益。利益并不是天生就是法益，即使天生是也得经过法的认可，不然"失落民间的皇子永远都是一介草民"。法益是经过法律选择的利益，并不是所有的利益都可以纳入"法眼"。利益上升到法益，是社会上占统治地位的价值体系，根据社会经济发展的需要，经过判断、比较、甄别，进行筛选的结果。利益要想成为法益，需要过"三关"：第一关，要经过个人的认可，利益的最终享有者是个人，只有经过了个人的认可，才有民意基础。第二关，要经过社会的认可，社会是由无数个"个人"组成的，这便产生了无数个"个人利益"，每个"个人利益"都是不一样甚至有可能是冲突的，只有那些同质的、共性的"个人利益"才能成为社会认可的利益，只有经过社会多数成员认可的利益才有资格成为法益。第三关便是法的认可，经过这一关，无助的社会利益就穿上了"不得伤害"的外衣，将受到法的保护。法律又分很多部门法，每个部门法都有特有的法益内容。虽然相对于其他部门法法益来说，刑法法益具有广泛性，涉及国家安全、公共安全、社会主义市场经济秩序、公民的人身权利、公民的民主权利、公民的财产权利、社会管理秩序、国防利益等方方面面，但并不是所有的法益都受刑法保护，刑法法益必须是刑法承认的利益，有着自己特定的范围。[1]

二、刑法法益的作用

法益对刑法的构建和展开具有重要的意义和作用。[2]

---

〔1〕 杨春洗、苗生明两位先生指出："在确定刑法法益的范围时，应选择对于维护统治阶级的统治地位和公共生活不可欠缺的、需要利用以国家强制力为后盾的刑罚方法加以保护的法益。"参见杨春洗、苗生明："论刑法法益"，载《北京大学学报》（哲学社会科学版）1996 年第 6 期。

〔2〕 杨春洗、苗生明两位先生指出："刑法是基于保护一定利益的需要而被创制，并围绕如何保护一定利益而展开的，其差别只不过是不同国家刑法所保护的利益的性质（决定了刑法的阶级属性）、种类和范围不同而已。"参见杨春洗、苗生明："论刑法法益"，载《北京大学学报》（哲学社会科学版）1996 年第 6 期。

　　刑法法益是刑事立法的指导。犯罪的本质特征是对法益的侵害，刑法是对法益的保护，是否侵害了刑法所保护的法益，是决定刑法是否将某一类行为规定为犯罪的依据。侵犯了何种法益，是决定刑法将其归为何种犯罪类型的依据。在进行刑事立法时，立法者首先确定哪些法益需要保护，而行为人一旦侵害这些法益，则会被纳入刑法的考量范围内。刑法保护法益的范围确定，是以占统治地位的价值观为指导，从社会生活的基本需要出发，对各种利益进行判断、考量、比较、筛选，最终确定有利于统治阶级需要的利益进行刑法上的保护。刑法法益的范围最终决定了刑法的边界，决定了哪些行为属于犯罪，哪些行为不属于犯罪。刑法的边界会随着保护法益的变化而变化，当某项法益被认为不值得保护的时候，与之对应的犯罪便会被刑法删除，而刑法也会根据统治阶级的需求和社会情势的变化，将原本不属于刑法保护法益的利益形式确认为法益，并将与之对应的行为规定为犯罪。刑法对犯罪所属类别的调整也是依据对法益的认识展开的，如在 1997 年《刑法》之前，私自开拆、隐匿、毁弃邮件、电报罪是属于渎职罪的范畴，而 1997 年《刑法》将其规定为侵犯公民人身权利、民主权利罪，同一犯罪行为前后却属于不同的犯罪类别，而调整的依据就是对这一行为侵犯法益的不同认识展开的，旧刑法认为私自开拆、隐匿、毁弃邮件、电报罪是对邮政职责的违反，而 1997 年《刑法》则认为其是对公民民主权利的侵犯。

　　刑法法益科学揭示了犯罪本质。犯罪从本质上说是对刑法所保护的法益的侵害。许多学者提出犯罪的本质是对社会关系的侵害，法益相对于社会关系更为直接，更能体现刑法保护的直接内容。法益和社会关系是两个不同层面的概念，法益比社会关系更加具体、更加贴近人们的社会生活，正如李斯特说的，"法益是法所保护的利益，所有的法益都是生活利益，是个人的或者共同社会的利益"。[1]社会关系虽然也暗含了利益的内容，但却是间接性的，就像中间隔了一层薄纱，不能透彻地反映人们的生活利益。而犯罪对社会关系的侵害，也要借助于刑法所保护的法益体现出来，犯罪直接侵害的是法益，然后经过抽象才上升到社会关系的层面。因此，犯罪是对刑法所保护的法益的侵害，这才是犯罪的真正"面目"。

刑法法益是犯罪分类的依据。不同的犯罪侵犯的法益不同，而刑法正是依据法益的差别将犯罪分成不同的类型。刑法法益的第一层分类通常可以分为国家法益、社会法益、个人法益，刑法根据这三类法益将犯罪分为侵犯国家法益的犯罪、侵犯社会法益的犯罪、侵犯个人法益的犯罪。刑法法益的第二层分类是将国家法益、社会法益、个人法益分别进行细分，与之相对应的产生更为细化的犯罪分类。如侵犯国家法益的犯罪可以分为危害国家安全罪、危害国防利益罪等；侵犯社会法益的犯罪可以分为危害公共安全罪、破坏社会主义市场经济秩序罪等；侵犯个人法益的犯罪则可以分为侵犯公民人身权利罪、侵犯公民民主权利罪等。刑法根据法益将

---

[1] 张明楷："新刑法与法益侵害说"，载《法学研究》2000 年第 1 期。

犯罪划分类别后，还根据法益的重要程度将各种犯罪类型排序。我国现行《刑法》首先规定的是侵犯国家法益的犯罪，其次是侵犯社会法益的犯罪，再次是侵犯个人法益的犯罪。

第二节　环境利益的刑法法益化

刑法法益是刑法所保护的利益，环境利益属于利益的范畴，而且是与人类的生存和发展休戚相关的利益形式。随着经济和科技的发展，环境利益受到越来越严重的侵害，威胁着人类的生存和发展，因此环境利益理应成为刑法的法益，从而受到刑法的保护。

一、传统法益束缚刑法的环境保护功能

根据我国现行《刑法》的规定，环境犯罪侵犯的法益是环境管理秩序。我国的环境保护制度主要是通过行政立法的形式建立起来的，把环境犯罪侵犯的法益定性为环境管理秩序看似合理，但实际上只看到了环境犯罪的表面特征，没有认清环境犯罪的本质，把环境犯罪误认为"只是对环境保护活动和环境保护的侵犯，只是破坏人们保护环境资源的活动，不破坏环境资源……即使是大规模地严重破坏环境资源，也不一定犯罪，只有破坏环境资源保护活动才能构成犯罪"。[1]

---

[1]　蔡守秋：《调整论——对主流法理学的反思与补充》，高等教育出版社2003年版，第663页。

从保护环境管理秩序的角度保护环境，主要方面是为了维护国家的管理秩序，保护环境成了附带行为，贬低了环境利益在刑法价值体系中的地位，无法真正起到对环境的保护作用。

传统刑法理论认为，环境本身不是利益的主体，人才是环境的利益主体，对环境的破坏只有反映为人的人身利益和财产利益才有意义，如果环境的损害没有危害到人的人身利益和财产利益，就没有必要动用刑事手段。在这种理论的影响下，刑法侧重对人身权利、财产权利的保护，只有人身权利和财产权利因环境污染或破坏受到损害时才适用刑法，定罪和量刑主要以对人身权利和财产权利的损害而定。虽然新修订《刑法》第338条污染环境罪将"致使公私财产遭受重大损失或者人身伤亡"这一限定结果删除，但其他条文中还保留着对人身权利和财产权利的依赖，如第339条非法处置进口的固体废物罪和擅自进口固体废物罪中都有"致使公私财产遭受重大损失或者严重危害人体健康"的结果性限定。

传统刑法理论实际上是以一个正确的前提推出了一个错误的结论。利益的主体只能是人这一前提是正确的，但人的利益不限于人身利益和财产利益，还包括环境利益。环境利益并不是环境的利益，而是以人为主体的利益，是人身利益和财产利益不能包含的新的利益形式，透过人身利益和财产利益去保护环境利益，具有间接性和滞后性，不利于环境利益的保护。环境刑法过度地关注传统法益，已经遮蔽了自己的视野，无法起到对环境保护的保障作用。因此，环境刑法应该重新构建法益内容，将环境利益纳入法益范围，这是环境刑法的本质要求，有利于实现环境刑法的根本目的。

二、环境利益刑法法益化的必然性

首先，环境利益关系人类生存发展。人跟其他动物一样，都属于自然界的一分子，人对自然有强烈的利益需求，不仅依赖于自然提供吃、穿、住、行的基本资料，还依赖于自然提供清洁的空气、干净的水源，前者是自然之于人的经济利益，后者是自然之于人的环境利益。人类的生存不仅需要经济利益的满足，也需要环境利益的满足。人类虽然创造了史无前例的文明成果，但人类作为大自然的物种之一其实是非常脆弱的，人类的生存受到空气、水源、气候等多方面环境因素的影响和制约。当空气清洁、水源干净的时候，人类对环境利益的感知是非常弱的，而一旦空气、水源受到污染，人类对环境利益的需求便非常强烈。不管何种情况，人类的环境利益需求都是自然存在的，环境为人类的生存提供了安全保障，环境利益受到侵害，人类的生命健康或财产便会受到威胁，影响人类的生存质量。虽然同为自然界的组成部分，但人类跟其他动物又有着本质的区别，人类是有意识的生命体，不但要良好地生存还要全面地发展。人类有意识地改造自然、创造自然，实现人类自身的持续发展。人类的发展同样需要环境利益的满足，人类发展的创造力需要自然提供良好的环境条件，环境恶劣的条件下何谈创造，人类发展的持续力需要得到环境利益的持续满足，环境利益满足的中断就意味着人类发展的中断。利益决定着法的产生和发展，当社会出现了新的利益形式，或者原有的利益发生了变化，法律便会随之发生相应的变化。环境利益作为一种新的利益形式，而且是与人类生存发展休戚相关的利益形式，需要法律明确地加以规定。

其次，环境利益被严重侵害。刑法是整个法律体系的保障法，当其他法律部门因为手段的局限无法有效保护相应的法益时，便会向刑罚手段求助。因此，相对于其他部门法的法益，刑法法益的范围更加宽泛，几乎囊括了整个法律体系的法益内容，但这并不意味着所有的利益都可以纳入刑法的保护范围。"刑法只是通过对严重侵害法益或者侵害重要法益的犯罪科以刑罚的方法加以保护。"[1]行为对法益的侵害具有程度上的差异，只有对法益的侵害达到一定程度时才会科以刑罚。没有受到严重侵害的法益，刑法也会"无动于衷"，因为刑法是其他法律的制裁力量，刑罚手段是对特定法益的限制或剥夺，没有遇到被严重侵害的法益，刑法不会出手救济。人们无限的欲望和有限的资源之间的矛盾，导致环境利益受到严重侵害。随着环境危机的加重，河流发出的不再是潺潺的流水声，而是微微的哭泣声；草原上演的不再是绿草随风而动的优美舞姿，而是沙土的肆意弥漫；飞鸟吟唱的不再是悦耳的歌声，而是低沉的悲鸣。如此之多的环境

---

〔1〕 杨春洗、苗生明："论刑法法益"，载《北京大学学报》（哲学社会科学版）1996 年第 6 期。

变化，之于人类便是生存环境的恶化，空气中时不时弥漫着沙尘，食物中可能暗藏着重金属。"法律一般只对社会关系做类的调整或规范调整，而不做个别调整。"[1]这要求纳入刑法保护的法益受侵害的范围必须具有普遍性，而环境利益已成为被普遍侵害的利益形式。

三、环境利益刑法法益化的可行性

首先，环境利益得到了宪法的确认。张明楷教授在界定刑法法益时认为需要满足几个条件，除了要求法益必须与人相关联、必须具有可侵害性外，还要求法益必须与宪法相关联。我国《宪法》第 9 条[2]和第 26 条[3]都对环境利益进行了规定。宪法作为国家的根本大法确认了对环境利益的保护，一方面直接赋予国家保护和改善生态环境的职权和义务，另一方面禁止任何组织和个人破坏自然资源，从授权性规范和禁止性规范两个角度确认了环境利益。[4]

其次，《环境保护法》体现了对环境利益的保护。环境利益是《环境保护法》产生和修订的利益缘起，整部《环

---

[1] 徐国栋：《民法基本原则解释》，中国政法大学出版社 1992 年版，第 134 页，转引自廖华：《从环境法整体思维看环境利益的刑法保护》，中国社会科学出版社 2010 年版，第 51 页。

[2] 《宪法》第 9 条第 2 项规定："国家保障自然资源的合理利用，保护珍贵的动物和植物。禁止任何组织和个人利用任何手段侵占或破坏自然资源。"

[3] 《宪法》第 26 条规定："国家保护和改善生活环境和生态环境，防治污染和其他公害。"

[4] 廖华：《从环境法整体思维看环境利益的刑法保护》，中国社会科学出版社 2010 年版，第 80 页。

境保护法》是围绕环境利益的保护展开的。《环境保护法》第 1 条开宗明义规定了制订法律的目的〔1〕，第 4 条和第 6 条分别规定了国家、单位和个人保护环境的职责和义务〔2〕。《环境保护法》无论从立法目的还是国家、单位、个人的职责义务规定，处处体现了对环境利益的确认和保护，环境利益是《环境保护法》的立法之本。

　　最后刑法是环境利益保护的屏障。卢梭曾说："刑法在根本上与其说是一种特别法，还不如说是其他一切法律的制裁力量。"在整个环境利益保护的法律体系中，刑法就是其他一切法律的制裁力量和保障力量，是规制环境侵害行为的最后一道防线。刑法与其他部门法处于两个不同的层面，是其他部门法的保障法，当损害环境利益的行为达到了严重程度时，就超出了其他部门法的规制范围，这时需要借助刑事手段制裁环境侵害行为。刑事手段相对于其他法律手段有着非常强的约束力，它通过限制或剥夺行为人的人身自由或者对行为人处以罚金来惩罚其对环境的侵害，刑罚给行为人带来人身和财产上的不利益，是最严厉的处罚。同时，刑事手

---

　　〔1〕《环境保护法》（2014 年修订）第 1 条规定："为保护和改善环境，防治污染和其他公害，保障公众健康，推进生态文明建设，促进经济社会可持续发展，制定本法。"

　　〔2〕《环境保护法》（2014 年修订）第 4 条第 2 款规定："国家采取有利于节约和循环利用资源、保护和改善环境、促进人与自然和谐的经济、技术政策和措施，使经济社会发展与环境保护相协调。"第 6 条第 3、4 款规定："企业事业单位和其他生产经营者应当防止、减少环境污染和生态破坏，对所造成的损害依法承担责任。公民应当增强环境保护意识，采取低碳、节俭的生活方式，自觉履行环境保护义务。"

段可以对环境利益损害行为起到有效的预防作用，一方面通过对侵害环境行为的惩处阻止行为人再侵害环境利益，另一面警示其他人不要侵害环境，否则也将面临刑法的严厉处罚。

四、环境利益刑法法益化的意义

环境利益对环境犯罪的独立有着决定性的意义。在现行《刑法》的规定中，环境犯罪隶属于第六章妨害社会管理秩序罪，跟第六章其他犯罪类型一样侵犯的是社会管理秩序，侵犯法益的类别决定了环境犯罪的地位和归属。而实际上，环境犯罪侵害的法益是刑法认可和保护的、可能遭受侵害或威胁的人的环境利益，而不是人身利益、财产利益、社会管理秩序或者其他法益，表明了环境犯罪与其他犯罪在侵犯法益类别上的不同，是具有独立特征的一类犯罪，应该从妨害社会管理秩序罪中独立出来，从而跟危害国家安全罪、危害公共安全罪、侵犯公民人身权利罪等犯罪相并列。环境犯罪之所以能够作为一个独立的犯罪类型，源于其侵犯法益环境利益的独立性，环境利益跟人身利益、财产利益有着本质的区别，它是人类对清洁空气、干净水源的利益需求，是其他利益形式无法满足的。环境利益的独立性反映在环境犯罪的成立上，表现为只要环境利益遭受一定程度的损害，或者行为人实施侵害环境的行为，环境犯罪即成立，而人们的人身利益、财产利益是否遭受损害则不予考量，或者顶多在量刑的时候作为加重情节予以考虑。

环境利益对规定哪些行为构成环境犯罪有着决定意义。

"刑法法益是刑法规范的灵魂和指导形象,对哪些行为需要犯罪化起着至关重要的作用。"[1]"对哪些行为需要犯罪化"是从立法层面来讲的,即立法者需要把哪些行为规定为环境犯罪。法益选择的差异决定了犯罪构成的不同,从而决定行为的罪与非罪。如果环境刑法选择人身或财产为法益目标,人身和财产是否受损害就决定了环境犯罪的罪与非罪,而人身和财产的保护依靠侵犯公民人身权利罪和侵犯财产罪等章节的规定就可以实现,环境犯罪的设置将是多余的,反而是浪费了立法和司法资源。而环境刑法以环境利益作为保护法益,环境利益的损害便成了环境行为罪与非罪的标准。环境利益法益地位的确立,为立法者规定哪些行为是环境犯罪划定了坐标。哪些行为构成环境犯罪,哪些行为不属于环境犯罪,都是以环境利益是否遭到侵害为中心论断的。以环境利益作为衡量行为的标准,意味着我国现行刑法规定的环境犯罪罪名体系十分单薄,还有许多严重侵害环境利益的行为没有规定为犯罪,如危害海洋环境的行为、破坏草原的行为、破坏湿地的行为等。从司法的角度来说,在立法者规定好环境犯罪的罪名后,跟环境有关的具体行为是否构成环境犯罪的评判标准在于该行为是否侵害了环境利益,以及侵害环境利益的具体程度。法官在评判时,要对立法者的立法初衷和立法目的进行推导,并根据立法目的对具体环境行为进行价值判断,只有这样作出的判决才不会背离立法

---

〔1〕 丁后盾:《刑法法益原理》,中国方正出版社 2000 年版,第 105 页。

的初衷和目的。"在这个过程中，从形式上是依据罪刑法定原则进行的事实判断，而实质上是依据法益侵害原则进行的价值判断"，[1]即依据环境利益是否遭受侵害及其程度进行的判断。

第三节　环境利益的刑法保护机制

在环境保护的法律体系中，不同的法律部门以特有的保护机制发挥着应有的保护作用，刑法是这一体系的最后一道防线，而现行刑法在环境保护方面表现出"失灵"的态势，没有真正起到屏障的作用。确定环境利益为环境刑法的法益，意味着环境刑法须以环境利益为核心重构一套特别的保护机制。刑法保护机制是指刑法对法益保护的作用方式和运作过程。刑法"运作的基本方式是刑法适用，运作的最终过程是刑罚执行"。[2]因此，下面将从环境犯罪的认定和环境犯罪的刑罚设计来阐述刑法对环境利益的保护机制。另外，由于环境利益是抽象概念，必须具体化为法律规范才能实现对环境利益的保护。

一、以环境利益受侵害确定环境犯罪

以环境利益受侵害确定环境犯罪，包含着两层意思：一

---

〔1〕　焦艳鹏：《刑法生态法益论》，中国政法大学出版社 2012 年版，第 186 页。

〔2〕　储槐植等：《刑法机制》，法律出版社 2004 年版，第 4 页。

层是在立法层面，将抽象的侵害环境利益的行为规定为犯罪；另一层则是在司法层面，将具体的侵害环境利益的行为认定为环境犯罪。而无论是立法层面还是司法层面，都是围绕着是否侵害环境利益展开的。

在立法层面，将严重侵害环境利益的行为纳入刑法规制范畴，规定为环境犯罪。罪刑法定是刑法的基本原则，法无明文规定不为罪，刑法对环境利益的保护首先要从把侵害环境利益的行为规定为犯罪开始。环境犯罪的社会危害性是侵害了人类生存和发展所依赖的环境，而不是人身或者财产，因此环境利益是否遭受侵害，是环境行为是否被规定为犯罪的唯一标准。人身利益或者财产利益是否遭受侵害不应成为把侵害环境利益的行为规定为犯罪的羁绊，对人身利益、财产利益的损害有专门的法律规定予以保护，没有必要到环境利益的阵地寻求庇护，它们的闯入只能弱化环境利益的地位，分散立法的注意力，无法对环境利益形成有针对性的保护机制。在环境犯罪的规定过程中，立法者以环境利益是否遭受侵害为标准对环境行为进行考量，考量的过程既要对行为的种类进行全面的考察，把严重侵害环境利益的行为规定为犯罪，避免因为规定的缺失导致环境保护不到位，同时又要保持刑法的谦抑性，避免侵害环境行为的泛刑化，"即使行为侵害或威胁了他人的生活利益，也不是必须直接动用刑法，可能的话，采取其他社会统治的手段才是理想的"。[1]

---

〔1〕〔日〕平野龙一：《刑法总论》，有斐阁 1972 年版，第 47 页，转引自马荣春、王超强："论犯罪化与非犯罪化"，载《犯罪研究》2012 年第 6 期。

什么样的侵害环境利益的行为可以规定为犯罪，这是立法者需要准确评判的，通常需要满足几个条件：一是环境侵害行为的普遍性，法律对行为的调整是规范化的调整，因此调整的行为必须具有普遍性，其不会就个别行为启动立法程序。如果将不具有普遍性的行为规定为犯罪，这样的规定不符合人们的认知状况，人们无法根据法律规定预测行为的法律后果，难以发挥刑法规范的引导作用。二是社会对环境侵害行为的不能容忍性。不能容忍性是环境侵害行为在社会影响方面的一种客观真实的反映，表明这种行为对环境利益的侵害非常严重，超出了绝大多数人的容忍限度，需要动用刑事手段进行规制。由于环境侵害行为的犯罪化是社会对其强烈的否定性评价，所以不能容忍性是行为犯罪化必须的价值评判。三是刑事手段干预的迫不得已性。迫不得已性意味着采用其他手段不足以抑制环境侵害行为，不足以保护环境利益，在此种情况下只有转向刑事手段才能解决问题。[1]

在司法层面，将具体的环境侵害行为认定为犯罪。环境刑法目的实现，不仅需要立法将严重侵害环境的行为规定为犯罪，也需要有效的刑事司法将具体的环境侵害行为认定为犯罪。刑事司法对环境利益的保护是直接性的，是环境利益刑法保护机制的重要组成部分。通过立法将严重侵害环境利益的行为规定为犯罪，实际上是建构了一种类型化的环境犯罪模式，通常来说，具体的环境侵害行为只需与这种犯罪模

---

〔1〕　参见马荣春、王超强："论犯罪化与非犯罪化"，载《犯罪研究》2012 年第 6 期。

式进行比照，如果具体的环境侵害行为符合这种类型化的模式，而且行为人具有违法性和有责性，环境侵害行为就构成犯罪。[1]比照的过程并不是简单的"照葫芦画瓢"，而是需要法官对法律规定进行解释、"翻译"，因为类型化的法律规定不一定完全跟具体的侵害行为相契合。通过比照类型化的犯罪模式就可以定罪是非常理想化的结果，这是在法律规定非常明确的情形下才能实现的。在法律规定比较宽泛或者比较模糊的情况下，需要参照有关的司法解释进行定罪。如《刑法》第 338 条对污染环境罪的规定，其中有对污染结果的限定，即"严重污染环境的"。此处的规定就非常宽泛和模糊，到底达到什么样的程度才算"严重"，《刑法》没有给出明确的限定标准，法官需要援引关于污染环境罪的司法解释进行定罪，司法解释规定了在 14 种情形下可以认定为"严重污染环境"。

二、以环境利益保护为目的确定刑罚

以环境利益保护为目的确定刑罚，也包含立法和司法两个层面，即在立法层面，刑罚的设计应该围绕着保护环境利益和恢复环境利益的目的展开，而不是单纯为了惩罚环境犯罪行为人而设计刑罚。在司法层面，具体对行为人动用什么样的刑罚，则是以对环境利益的侵害程度为标准确定的。

在立法层面，以环境利益保护为目的设计刑罚。刑罚的

---

[1] 参见焦艳鹏：《刑法生态法益论》，中国政法大学出版社 2012 年版，第 114 页。

制订以犯罪的性质为前提，根据犯罪行为造成社会危害的严重程度，从整体上设置法定刑的刑种、刑期。[1]刑罚目的是国家运用刑罚所希望达到的目的，[2]它是刑法目的的延伸和最终体现，刑法的目的最终靠刑罚的执行来实现，保护法益是刑法的目的，因此，刑罚也应以法益保护为己任。刑罚的实施首先是对行为人施加影响，终止其对法益的继续侵害，从而达到法益保护的目的。除了对行为人施加影响，刑罚还通过对社会的影响实现法益保护，即通过刑罚的实施教育人们不侵害法益，否则就要受到应有的惩罚。由于环境利益的公共利益属性，它的损害影响的不是某个个体的利益，而是无数个个体的整体利益，因此在环境刑法的刑罚设计上，更应该突出对环境利益的保护目的。对环境利益的保护，除了通过对个人和社会施加影响来实现，还应通过刑罚的设计实现对环境污染或破坏的恢复。由于环境利益具有公共利益的属性，如果其受损害威胁的不是某个个体或某些个体的私益，而是无数个个体的整体利益，那么环境利益的恢复就显得尤为重要。在设计环境刑罚时，应该有恢复环境的规定，当损害的环境存在修复的可能性和可行性时，环境犯罪行为人应该采取相应的措施，防止环境损害结果进一步加重，而且还应尽可能地把环境品质恢复到原有水平。唯有如此，才能最大限度地实现对环境利益的保护。

---

〔1〕　参见于阜民：《刑法学》，科学出版社 2013 年版，第 31 页。

〔2〕　参见王世洲："现代刑罚目的理论与中国的选择"，载《法学研究》2003 年第 3 期。

在司法层面，根据环境利益受侵害的程度施加刑罚。根据罪责刑相适应的刑法基本原则，刑罚的施加是根据犯罪行为人的主观恶意程度和社会危害性来确定的，而主要依据的则是行为的社会危害性，即行为对法益的侵害。侵害法益的重要程度关系到判处刑罚的轻重，而侵犯的是同一种法益，则会根据对此法益的侵害程度确定最终的刑罚。环境犯罪作为对环境利益的严重侵犯，在量刑时主要是看行为人对环境利益的侵害程度，而不是看其从中获取了多少经济利益。[1]最高人民检察院、最高人民法院 2013 年颁布的关于污染环境罪的司法解释就很好地贯彻了这一理念。2013 年《最高人民法院、最高人民检察院关于办理环境污染刑事案件适用法律若干问题的解释》的第 1 条对"严重污染环境"作了详细地限定，出现第 1 条所列情形的[2]，都属严重污染环境，

---

[1] 张明楷曾指出："刑法的目的是保护法益，犯罪的本质是侵犯法益，故犯罪人主观上对利益的追求、客观上对利益的获取，就不是重要问题，即定罪量刑从根本上考虑的是行为对法益的侵犯种类与侵犯程度，而不是行为是否获得利益以及获得利益的多少。"参见张明楷：《法益初论》，中国政法大学出版社 2003 年版，第 341 页。

[2] 2013 年《最高人民法院、最高人民检察院关于办理环境污染刑事案件适用法律若干问题的解释》第 1 条规定的情形包括："（一）在饮用水水源一级保护区、自然保护区核心区排放、倾倒、处置有放射性的废物、含传染病病原体的废物、有毒物质的；（二）非法排放、倾倒、处置危险废物三吨以上的；（三）非法排放含重金属、持久性有机污染物等严重危害环境、损害人体健康的污染物超过国家污染物排放标准或者省、自治区、直辖市人民政府根据法律授权制定的污染物排放标准三倍以上的；（四）私设暗管或者利用渗井、渗坑、裂隙、溶洞等排放、倾倒、处置有放射性的废物、含传染病病原体的废物、有毒物质的；（五）两年内曾因违反国家规定，排放、倾倒、处置有放射性的废物、含传染病病原体的废物、有毒物质受过两次以上行政处罚，又实施前列行为的……（十四）其他严重污染环境的情形。"

在量刑时"处 3 年以上 7 年以下有期徒刑，并处罚金"[1]。

三、环境利益刑法保护的具体化

环境利益作为刑法所保护的法益，是高度概括和抽象的概念，在司法实践中，如何根据环境利益遭受损害的程度来判定是否构成环境犯罪？不同的环境犯罪都同样损害了环境利益，又如何区分此环境犯罪与彼环境犯罪？因此，环境利益必须具体化，只有落实到法律，才能实现对环境犯罪的规制和环境利益的保护。

法益是由法律认可和保护的，可能遭受侵害或威胁的人的利益，"我国刑法理论将其称为犯罪客体，即刑法所保护的、为犯罪行为所侵害的特定社会关系"。[2]犯罪客体通常分为一般客体、同类客体和直接客体，划分的依据是犯罪客体所包含的社会关系的差异。"一般客体通常指一切犯罪共同侵犯的客体，即我国刑法保护的整体社会关系，环境犯罪侵犯的一般客体也是刑法所保护的社会关系。"[3]"所谓同类客体，是指某一类犯罪所共同侵犯的客体，是刑法所保护的社会关系的某一部分或某一方面。"[4]同类客体将刑法所保护的社会关系分成若干不同的部分或者方面，这些部分或方面的具体社会关系的性质都是相同或类似的。同类客体具

---

〔1〕　《刑法》第 338 条。

〔2〕　赵秉志：《环境犯罪及其立法完善研究——从比较法的角度》，北京师范大学出版社 2011 年版，第 36 页。

〔3〕　马克昌：《犯罪通论》，武汉大学出版社 2006 年版，第 113 页。

〔4〕　马克昌：《犯罪通论》，武汉大学出版社 2006 年版，第 114 页。

有犯罪归类的作用，即将某些具有相同客体的犯罪行为归为一类，从而跟其他犯罪类型区分开来。如放火、决水、爆炸、投放危险物质等犯罪行为侵犯的社会关系是公共安全，破坏交通工具、破坏交通设施、劫持航空器、非法持有枪支等犯罪行为侵犯的社会关系也是公共安全，一致的同类客体使得这些犯罪行为具有了共同的本质特征，因此《刑法》将这类犯罪行为都集中规定在第二章的"危害公共安全罪"中。杀人、伤害、强奸、绑架、拐卖妇女、侮辱、诽谤、报复陷害、暴力干涉婚姻自由、虐待、遗弃等犯罪行为侵害的社会关系则是公民的人身权利和民主权利，《刑法》据此将这类犯罪行为集中规定在第四章的"侵犯公民人身权利、民主权利罪"中。我国现行《刑法》根据犯罪行为侵犯的同类客体的不同，将犯罪分为了十大类〔1〕。环境利益作为环境犯罪侵犯的客体，是同类客体这一层面的客体，它具有使环境犯罪与其他 10 类犯罪类型相区分的作用，同时赋予了环境犯罪与其他犯罪类型同等的法律位阶。所谓直接客体，"是指某一犯罪行为所直接侵害或威胁的具体社会关

---

〔1〕 这 10 类犯罪分别为：危害国家安全罪，同类客体是国家主权、领土完整、人民民主专政政权和社会主义制度；危害公共安全罪，同类客体是不特定的多数人的生命、健康和重大公私财产安全；破坏社会主义市场经济秩序罪，同类客体是社会主义市场经济秩序；侵犯公民人身权利、民主权利罪，同类客体是公民的人身权利、民主权利、婚姻家庭关系以及其他跟人身相关的权利；侵犯财产罪，同类客体是公私财产所有人对财产享有的占有、使用、收益和处分的权利；妨害社会管理秩序罪，同类客体是国家对社会的日常管理活动和秩序；危害国防利益罪，同类客体是国防建设等方面的利益；贪污贿赂罪，国家工作人员和单位职务行为的廉洁性；渎职罪，同类客体是国家机关的正常管理活动；军人违反职责罪，同类客体是国家的军事利益。

系"。[1]任何具体的犯罪行为，必然直接侵犯具体的社会关系，否则不可能成立犯罪，如侵犯公民人身权利、民主权利罪侵犯的同类客体是公民的人身权利、民主权利以及其他跟人身相关的权利，而其中的杀人罪直接侵犯的是公民的生命权利，伤害罪直接侵犯的是公民的健康权利，生命权利、健康权利在这里便是杀人罪、伤害罪的直接客体。直接客体不仅揭示了具体的犯罪行为所侵犯的具体的社会关系的性质，还揭示了具体犯罪行为社会危害程度的大小，对于区分此罪与彼罪的界限、决定量刑轻重有着至关重要的作用。环境犯罪作为类罪，其中每一具体的侵害环境的犯罪行为都有其直接客体。环境犯罪的直接客体是区分此环境犯罪与彼环境犯罪的重要依据。环境利益作为环境犯罪的同类客体，是环境犯罪直接客体的上位概念，具有高度概括性和抽象性，直接客体作为环境利益的载体，是实现环境利益具体化的依据，环境犯罪各罪名侵犯的直接客体将在第五章"环境犯罪构成之重构"中进行详细阐述。

综上，环境利益是同类客体层面的概念，它是环境犯罪跟其他犯罪类型相区分的依据，但不是区分此环境犯罪与彼环境犯罪的依据，具体地对环境犯罪进行定罪量刑则要借助直接客体和其他构成要件来实现。以盗伐林木罪为例，盗伐林木罪的直接客体是森林资源的生态安全。盗伐林木罪的客观方面则包括三个方面的内容：一是行为人实施了盗伐行

---

〔1〕　马克昌：《犯罪通论》，武汉大学出版社 2006 年版，第 115 页。

为，即以非法占有为目的擅自砍伐他人林木；二是盗伐的林木是为他人所有的森林或其他林木，其中森林包括用材林、防护林、经济林、薪炭林、特种用途林等，其他林木主要包括村民自留山上的成片林木、集体的小片林和竹林、村民承包的国家或集体所有的荒山荒地上种植的林木等；三是盗伐的林木必须"数量较大"，根据最高人民法院司法解释的规定，"数量较大"以 2 至 5 立方米为起点，或者幼树 100 至 200 株为起点，达不到这个标准，则不构成盗伐林木罪。盗伐林木罪的主体是一般主体，自然人和单位都可以触犯本罪。盗伐林木罪的主观方面是直接故意，以非法占有为目的。再如非法捕捞水产品罪。非法捕捞水产品罪的直接客体是水产资源的物种平衡。非法捕捞水产品罪的客观方面包括四个方面：一是实施了非法捕捞行为；二是捕捞的是水产品，主要是指除了珍贵、濒危的水生野生动物以外的水生动物和植物，包括鱼类、海藻类、虾蟹类等水产品；三是在特定的地点、特定的时间和采用特定的手段捕捞水产品；四是情节必须严重，主要包括捕捞数量较大、非法捕捞屡教不改、聚众非法捕捞等情节。非法捕捞水产品罪的主体也是一般主体，可以是自然人，也可以是单位。非法捕捞水产品罪的主观方面为故意，即明知是在禁渔区、禁渔期而捕鱼或者使用的是禁用捕捞工具。

环境刑法立法理念与模式之更新

环境刑法的立法理念是指导环境刑法立法的思想纲领，是贯穿整个环境刑法始终的指针，是环境刑法的灵魂。立法理念的重构是深层意识的反思，将改变环境刑法的基本面貌。刑法的立法模式是惩治犯罪所采用的立法形式或立法体例，环境刑法的立法模式看似是形式问题，其实内涵了环境刑法的立法理念，关系到惩戒环境犯罪的法律效果。

第一节　环境刑法立法理念的更新

世界各国环境刑法背后，都有各自立法理念的指引和支持。由于法律渊源、环境状况、经济发展程度等方面的差异，各国在环境刑法的立法理念方面各有不同。"正是立法理念的不同，使得各国在环境刑法的立法模式、犯罪构成、惩罚范围、刑罚缓重等方面呈现出不同的形态。"[1]本章在比较各国环境刑法立法理念的基础上，根据我国环境保护的

----

〔1〕 赵秉志等：《环境犯罪及其立法完善——从比较法的角度》，北京师范大学出版社 2011 年版，第 15 页。

具体情况，重新构建我国的环境刑法立法理念。

一、各国环境刑法立法理念

（一）德国：人类利益和生态利益〔1〕并重

德国环境刑法的立法理念，经历了单纯保护人类的生命健康到既保护人类的生命健康又保护生态学意义上的环境并重的过程。在环境保护的初期阶段，人们关心的是如何更有效地从自然环境中攫取经济利益，对于因为自己的社会活动造成的环境损害还没有很深刻的感知。"在这个时期，人们主要关注的是环境污染和破坏对人类生命健康的损害，而对生态环境的损害则比较漠视，德国1971年的刑法修改建议稿就'暴露'了这一理念——'环境保护'的概念也不过是局限在'保护人类生命健康免受环境的危害'这样的认识上。"〔2〕所以，最初的德国环境刑法是以人类的生命健康为核心来考量的。后来，酸雨、臭氧空洞、温室效应引发的环境问题严重威胁到了人类的生存发展，人们对环境的危害有了更加深刻的认识。在这种情况下，德国刑法学界逐渐将生态的利益纳入环境刑法的保护范围。该理念蕴含的意义便是，环境犯罪以环境是否受到严重损害为标准，而不需要以人类的生命健康遭受损害为必要条件。这一理念在德国

---

〔1〕 这里用了"生态利益"以区别于"环境利益"，"生态利益"在这里是指"生态的利益"。

〔2〕 王世洲："德国环境刑法中污染概念的研究"，载《比较法研究》2001年第2期。

1998 年修订的《动物福利法》中得到了很好的体现，该法在其第一部分阐述了立法目的，即保护动物的生命和福利。

德国环境刑法虽然秉承人类利益和生态利益并重的立法理念，但从结果来看，对生态利益的保护最终还是为了维护人类生存发展的基本条件。只不过德国的环境刑法将人类利益和生态利益放到了同等的位置进行立法。

（二）日本：谨慎介入环境损害

所谓谨慎介入环境损害，是指只有在环境侵害行为显示出明显的社会危害性时，才将其作为环境犯罪对待，如果仅造成了环境自身的损害，而没有造成人身健康或其他损害，是禁止刑法介入的。战后的日本四处都成了废墟，经济复苏成为其首要任务，迫切希望在最短的时间内恢复工农业生产。由于急于发展经济，忽视了对环境问题的治理，20 世纪六七十年代公害事件频发，这才引起了日本各界对环境问题的重视，兴起了一股反公害的浪潮。但日本的反公害旨在为受害者争取人身赔偿，仅限于保护人的生命健康，仅到人身损害为止，没有继续向环境要素的损害延伸。之所以会出现这种情况，跟日本刑法界的理论基础有关。日本多数学者认为，刑法介入环境侵害的前提条件，必须是该侵害行为表现出明显的利益侵害性，即侵害人们的生命和健康。日本的环境刑法立法"忠实"地映射了这一理念。日本的《公害罪法》把公众的生命健康作为保护法益，生命健康是否受到侵害是公害罪成立与否的依据，环境自身是否受到侵害则不在考虑范围之内。《日本刑法典》中的污染饮用水罪、污染水道罪，旨在保护公众饮用水安全，保护无污染的饮用水，保护公众健康，也跟环境要素无关。"对于其他损害环境的行为一般不认为是犯罪，只有严重损害公众的生命和健康时，才以伤害罪或杀人罪论处。"〔1〕

（三）巴西：人类、生态同为中心

巴西为了保护自然环境，专门制订了《巴西环境犯罪法》，该法放弃了传统的人类中心主义伦理观，将动物生命、植物生命和人类生命健康共同作为刑法法益进行保护。在章节设置上，《巴西环境犯罪法》将"危害环境的犯罪"设置在第五章，但是在节次的安排上，第一节是"危害动物罪"，第二节是"危害植物罪"，后面几节才是和人类环境有直接关系的罪名，即第三节的"污染和其他环境犯罪"，第四节的"违反城市管理和危害文化遗产罪"，第五节的"妨害环境管理罪"，突出了对动植物的保护。对动物的保护，不仅包括野生动物，还包括家养和驯养的动物。〔2〕在对植物的保护中，设置了危险犯，提前介入可能对植物造成的损害。〔3〕除了"危害动物罪"、"危害植物

---

〔1〕 付立忠：《环境刑法学》，中国方正出版社 2001 年版，第 113 页，转引自吴献萍：《环境犯罪与环境刑法》，知识产权出版社 2010 年版，第 115 页。

〔2〕《巴西环境犯罪法》第 32 条规定："对本国或外国野生、家养或驯养的动物实施凌辱、虐待、伤害或毁伤的，处以 3 个月至 1 年的监禁和罚金。"参见郭怡译：《巴西环境犯罪法》，中国环境科学出版社 2009 年版，第 11 页。

〔3〕《巴西环境犯罪法》第 42 条规定："制造、销售、运输或释放能够引起森林和城市地区或任何人居地的植被火灾的热气球，处以 1 年至 3 年的拘留或罚金，或者二者并处。"参见郭怡译：《巴西环境犯罪法》，中国环境科学出版社 2009 年版，第 14 页。

罪"有专门的条款保护动植物，在"污染和其他环境犯罪"中也有动植物的身影。[1]而且，《巴西环境犯罪法》的大部分条文并没有将"严重后果"、"重大损失"等作为究责的必备要件，可以将它们作为环境犯罪的加重情节，这有利于降低刑罚手段介入的门槛，起到良好的威慑作用。《巴西环境犯罪法》不仅保护人类生命健康，还突出保护动植物的生命，体现了人类、生态同为中心的立法理念。

（四）美国：从严惩处环境犯罪

随着环境问题越来越严重和公民环境保护意识的增强，在美国公众的眼里，环境犯罪是比抢劫更严重的犯罪。从20世纪80年代开始，美国把环境犯罪从轻罪提高到重罪。美国环境刑法将自然环境作为直接客体进行保护，鉴于环境犯罪行为的严重社会危害性，在各个环节都设定了严格的规范和标准，从有毒物质的非规范化储存、管理，到跟环境有关的规范性文件的制作过程中的虚假陈述，再到非法排放、处理、倾倒有害有毒物质，都可能入罪。"除了入罪门槛低，美国环境刑法在处罚方面也颇为严厉，无论是自由刑还是罚金，都是世界上较重的。"[2]如美国《清洁空气法》规定："故意违反有关有害物质的排放标准，情节严重或严

---

〔1〕《巴西环境犯罪法》第54条规定："引起任何性质的、达到导致或能够导致损害人类健康或者能够造成动物死亡或植物大规模毁灭程度的污染的，处以1年至4年的监禁和罚金。"参见郭怡译：《巴西环境犯罪法》，中国环境科学出版社2009年版，第16页。

〔2〕张福德："美国环境犯罪的刑事政策及借鉴"，载《社会科学家》2008年第1期。

重损害他人的身体或危及他人生命的，处 15 年以下的监禁或罚金，法人可处 100 万美元罚金。"[1]美国对环境犯罪的处罚之所以如此严厉，是跟立法和司法部门对环境犯罪的认识分不开的，由于环境犯罪对环境损害的难以恢复性，严厉的刑罚可以形成强大的威慑力，发挥环境刑法的预防作用，有效地防止环境犯罪的发生。

二、立法理念之比较与重构

工业化进程、经济发展水平、具体环境状况等多种因素的差异，决定了各国在环境刑法立法理念方面的不同。列出各国的环境刑法立法理念，不是为了找不同，我们要做的，是从这些不同的理念中，汲取可为我国所用的营养。综观各国的立法理念，首先，它们大多把环境自身的利益纳入法律保护的范围，跟人类利益放在同一层面进行保护。把这称为生态中心主义也罢，称为人类、生态同中心主义也罢，只是称呼的不同，其实际上都突出了人类环境利益的地位，因为不管是为了环境自身的利益而保护环境，还是为了人类的利益而保护环境，其最终的出发点和归宿都是一样的，都是为了让人类享有良好的自然环境，保障人类生存发展的基本条件。其次，各国在环境犯罪的惩罚方面大都比较严厉，这其实也是跟环境自身的利益在法律中的地位分不开的，正因为地位突出，侵害它的人才要受到严厉的处罚。最后，预防理

---

[1] 赵秉志等：《环境犯罪及其立法完善研究——从比较法的角度》，北京师范大学出版社 2011 年版，第 23 页。

念被普遍接受，各国在介入环境侵害行为的时间点上提前了，因为环境损害往往是不可逆转的，一旦造成损害很难恢复，提前介入，有利于尽早地终止侵害行为，避免造成更大的环境污染和破坏。

在可持续发展理念的指引下，我国的环境保护事业取得了长足的进步，包括环境刑法在内的环境法律也不断完善，但是仍存在诸多不足。我们应该在坚持可持续发展环境保护理念的大前提下，对我国环境刑法的微观理念进行调适，重构适合我国经济发展水平和环境保护现状的环境刑法理念。

（一）环境利益优先保护理念

自然界不仅为人类提供了物质财富，还提供了人类赖以生存的环境条件，因此，作为保障社会进步与发展的法律不仅应该保护人的经济利益，还应保护人的环境利益。环境刑法的立法观念，要摆脱传统刑法的思维方式，将保护的重点从人的生命健康权、财产权和国家的环境管理制度，转移到保护人类的环境利益上面来，突出环境利益在环境刑法中的地位，优先保护环境利益。

环境刑法的本质和目的，是通过规制环境犯罪保护和改善环境，使环境保持良好的质的状态，为人类生存和发展提供良好的环境保障。如何实现环境刑法的这一目的？必须正确认识环境利益的重要性，确立其在刑法中的法律地位，用特殊的手段对其进行保护，而不是四处"拆借"，借来的终究不适合自己，又怎能起到保护作用。环境利益区别于人身利益、财产利益及其他利益的特性，决定了环境刑法的犯罪构成的要件、罪名设立的范围、惩罚的尺度等方方面面。因此，只有突出环境利益的法律地位，才能"对症下药"，找到规制环境犯罪的正确手段，实现保护人类环境的目的。

环境利益优先保护理念，并不是说只顾环境利益，而不顾社会经济的发展。如果绝对地将环境作为一个完全独立的实体加以保护，使之免受人类社会经济活动的影响，人类的发展将受到阻碍，甚至出现倒退，这种状况对环境的保护也是不利的。即使人类社会经济不发展，不对环境造成新的损害，也难以解决已经造成的环境损害。就我国的经济发展阶段来说，也不可能让经济停滞而一味地去维护环境。因此，环境保护是在开发利用的基础上进行的，脱离开发利用的前提条件讨论环境问题是毫无意义的。其实，环境利益和经济利益并不是天生的一对死对头，只是人类的贪婪激化了二者的矛盾，经济的发展并不是一定要以损害环境为前提的，只是人类在漫长的工业化进程中，由于没有完善的法律约束，已经习惯了这种"手法"，如果改变这种"手法"，边发展边注意保护或者不去破坏，经济照样可以前行。就像习惯偷窃的小偷，把偷窃当成自己谋生的手段，他是不是一定要去偷窃才能谋生呢？肯定不是，只不过偷窃对他来说更简便而收获更大，他完全可以通过自己的合法劳动维持生存。在道德和法律禁止的前提条件下，小偷必须改变自己的谋生方式。对于损害环境的人，同样如此，损害环境可以给自己带来更大的收益，但这是违法的甚至是犯罪行为，所以是被严厉禁止的，但禁止的结果不是断了行为人的收益，只是引导和促使其改变"手法"，"偷窃"环境利益并不是唯一手段，他完全可以通过其他方式去获取。

（二）风险预防理念

预防犯罪，尽可能地减少犯罪的发生，将犯罪行为扼杀在萌芽状态，是传统刑法的功能之一。在"风险社会"[1]下，环境危机已经严重威胁到了人类的生存安全，而作为严重侵害人类环境利益的环境犯罪，无论属性、社会危害性还是犯罪构成都与其他犯罪有很大的不同，应该确立风险预防的理念。

环境犯罪的风险预防理念是环境保护理念在刑法中的拓展。"预防为主"是环境保护的基本理念，事后补救是环境保护的下策。在环境危机来临之初，人类意识到环境问题的严重性，试图通过自己掌握的科学技术把环境治理好，但破坏起来容易恢复起来难，很多环境污染和破坏根本就不能恢复，先破坏后治理的道路行不通，只有通过预防减少环境损害的发生，才是保护环境的正道。作为严重污染和破坏环境的环境犯罪，对环境的损害更是巨大的——程度严重、波及范围广、持续时间长，这让事后恢复变得更加艰难，因此确立环境犯罪的风险预防理念是保护环境的根本需要。

---

[1]　"风险社会"的概念是由德国社会学家乌尔里希·贝克1986年在《风险社会》一书提出的。根据乌尔里希·贝克的理论，当代社会存在着潜在的风险，高科技在促进社会经济飞速发展的同时也为人类制造了潜在的风险。

环境犯罪的风险预防理念体现了环境刑法的效率。效率是法的基本价值，法的效率价值有利于社会各种资源的保护和合理配置。同样，作为规制环境犯罪的具体法律制度，环境刑法是经济利益和环境利益的调节器，参与对环境资源和利益的调整，因此也将效率作为基本价值。针对环境犯罪的风险预防理念，恰恰有利于这一价值的实现。环境犯罪的发生分为多个阶段，司法机关越早介入，越容易对犯罪行为进行控制。如果坐等环境损害的结果出现了再介入，既造成环境污染或破坏又加大办案难度，降低环境犯罪的效率价值。再者，环境刑法通过引导或限制，约束企图侵害环境的行为，避免环境犯罪行为的发生，虽然这会令行为人付出一定的代价和成本，但这跟事后恢复环境的代价和成本相比，还是非常划算的。

环境犯罪的风险预防理念有利于降低"犯罪暗数"。犯罪暗数是指一些隐形犯罪或潜伏犯罪虽然已经发生，但因为种种原因未被司法机关发现或证实，而没有被计算在官方刑事统计中的具体犯罪数据。犯罪行为具有严重的社会危害性，会危及人的人身、财产等多种利益，人们普遍希望犯罪行为能被国家司法机关查实并追究刑事责任。犯罪行为侥幸逃脱，既不利于对行为人进行教育惩罚，也不利于对受害人进行救济，最终不利于法律公平价值的实现，因此刑法在制度设计上，应尽可能降低"犯罪暗数"。由于环境犯罪因果关系的复杂性，以及对环境损害结果的鉴定十分困难，使得追究环境犯罪行为人的刑事责任异常困难，是"犯罪暗数"

极高的犯罪类型。而通过事前预防，把环境犯罪消灭在初始阶段，是降低"犯罪暗数"和实现刑法公平价值的有效手段。

因此，环境刑法应当在立法中贯彻风险预防理念，发挥其在环境保护方面的先期"壁垒"作用，而不是后期"托底"作用，及早介入环境犯罪，尽可能早地制止环境污染和破坏行为，从而实现保护公民环境利益的基本任务。

（三）整体保护理念

整体保护理念是环境法的基本理念，要求对环境各要素进行综合管理和保护。作为环境保护的最后屏障，环境刑法也应秉持这一理念，对环境各要素进行全面的保护，不要让环境犯罪行为人在最后这一道防线钻了空子。

贯彻整体保护理念，首先要求环境刑法应涵盖环境的各种要素。从其他国家的立法情况来看，随着环境问题的日益严重，环境刑法的调整范围不断扩大，涉及环境要素的方方面面，不仅包括水、空气、土地、森林、矿产、渔业资源等基本环境要素，还包括声音、电磁辐射等其他要素。而我国刑法对环境的保护，仅涉及土地、水体、大气等要素，其他很多要素并未包括在内，如声音要素。环境是一个整体的系统，由各种要素组成，对人类产生影响的不是其中的几种要素，而是全部要素。因此，环境刑法要素的缺失，就是对环境保护的缺失。其次，贯彻整体保护理念，在罪名设置上要有整体观。我国现行《刑法》在环境犯罪罪名安排上过于分散，除了在第六章第六节专节设置了"破坏环境资源保护罪"外，第三章第二节的"走私罪"、第三章第八节的"扰乱市场秩序罪"、第九章的"渎职罪"中均有涉及环境犯罪的罪名。罪名设置分散，导致环境刑法层次不够清晰，淡化了环境犯罪的客体特征，也不利于形成整体的威慑性。世界其他国家规制环境犯罪，要么对环境犯罪特别立法，要么法典化把环境犯罪专章设置，表现出非常强的整体性，突出了刑法体系的严密性，加强了打击力度。

第二节　环境刑法立法模式的选择

环境刑法立法模式是规制环境犯罪的法律规范的表现形式，采用何种立法模式，取决于一国立法进程、立法习惯、现有的法律体系以及政治经济等多方面的因素。通过比较分析世界主要国家的环境刑法立法模式，结合我国政治经济和刑法的立法状况，选择一个合适的环境刑法立法模式。

一、各国环境刑法立法模式

由于国情的不同，各国的环境刑法立法模式有很大的差别。综合来看，主要有以下几种模式。

（一）刑法典式

刑法典式模式，是指在刑法典中采用专章或专节的方式规定环境犯罪及刑事责任，采用这种方式立法的主要以德国最为典型。

德国并不是一开始就采用刑法典式的立法模式，德国环境刑法经历了一个从附属刑法到法典化的过程。附属刑法时期，德国在《联邦污染防治法》、《水法》、《食品法》、《飞机噪音控制法》、《化学物品法》、《洗涤剂法》等许多行政法中规定了环境犯罪的惩罚措施。自 1980 年刑法修改开始，德国将分散在行政法中的有关环境犯罪的内容集中纳入刑法典，规定在"危害环境罪"这一章中。自此，德国环境刑法从附属刑法时代迈进了法典化时代。现行《德国刑法》依然采用了这种模式，在分则第 29 章中规定了"针对环境的犯罪行为"，从第 234 条至第 330 条共 7 条，分别规定了水污染和污染水域罪、空气污染罪和噪声污染罪、非法处理垃圾罪、不正当使用设备罪、非法利用核燃料罪等罪名。法典化后的环境刑法依然跟行政法保持着密切关系，因为刑法典采用的是"空白刑法"的立法技术——将对环境犯罪行为构成的描述"空白地"留下来，通过引述行政法加以补充和完善。[1] 再者，凡是刑法典规定了的环境犯罪，依照刑法典适用法律，而刑法典没有规定的，还是依照行政法定罪量刑。可见，行政法在规制环境犯罪方面依旧保持着一定的影响力。

（二）行政刑法式

行政刑法式模式，是指在有关环境与资源保护的行政性法规中直接规定有关环境犯罪的刑事条款和刑事责任，对环境犯罪行为追究刑事责任直接依据行政法律规定定罪量刑，

---

〔1〕　参见王明远、赵明："环境刑法的立法模式探讨"，载《中国环境法治》2009 年第 6 期。

英国和美国都是采用这种模式。

英国没有成文的刑法典，采用的是行政刑法的立法模式。工业革命之后，由于环境问题日益严重，英国制订了很多环境保护的法规。早期的这些法规缺乏整体的立法规划，多是"头痛医头、脚痛医脚"，立法内容庞杂零乱，缺乏系统性和科学性。20 世纪 70 年代，环境危机加剧，英国开始注重环境立法的系统性和协调性，如 1974 年制订的《污染控制法》统一规定了水、空气、噪音以及固体废物等的污染控制，避免了各自为战。20 世纪 90 年代，英国新颁布的环境法规中包含了大量的规制环境犯罪的条款，至此，英国才有了较为完备的环境刑事法律。1990 年颁布的《环境保护法》是行政刑法立法模式的典型代表，不仅规定了行政机关对废物排放的限制、空气污染的控制以及禁止令等，还对严重损害环境的行为规定了刑事处罚措施。1991 年颁布的《水资源法》将向控制水域故意排放有毒物质规定为犯罪，未经许可从河床开采矿产或盗挖植物的也属于犯罪。1993 年颁布的《清洁空气法》则对严重污染空气的行为规定了刑事处罚措施。由于英国对严重污染和破坏环境行为的处罚主要是通过行政法的附属刑法条款实现的，因此环境刑法在规制环境侵害行为时起辅助作用，只有在行政手段难以奏效时，环境刑法才发挥作用。

美国的环境刑法跟英国类似，也附属于相关的行政法中。但是，由于实行的是联邦制，美国的环境法律又分为联邦法和州法，无论联邦还是各州都依据环境保护行政法规定的刑事条款定罪量刑。联邦制订的行政法主要有《清洁水法》、《清洁空气法》、《资源保护回收法》、《有毒物质管理法》等，这些行政法除了规定污染防治措施和环境管理职能，还规定了刑事处罚规定，如《清洁水法》将违反规定排放污染物或危险物的行为以及在相关文件中进行虚假陈述的行为规定为犯罪，并规定了处罚措施。各州除了在杀虫剂使用、有毒化学品排放、核能利用与联邦法保持一致外，其他许多方面都是根据各州的具体情况单独制订行政法。由于各州享有立法权，州法在很多方面都走在了联邦法的前面，如首先采用刑事手段规制环境侵害行为的是东北部的一些州，后来联邦才在行政法中规定刑事责任条款。

综上，英美等国家主要以行政法的附属刑事条款来规制环境犯罪，环境刑法的具体模式可能不尽相同，但都处于行政法的辅助地位。与行政法的突出地位相适应，英美等国家的环境管理机关权力非常大，如英国的行政机关就被赋予了起诉权，能够独立决定是否把侵害环境行为诉诸刑事法律进行制裁。

（三）特别立法式

特别立法式模式是指制订特别刑法，规定环境犯罪的立法形式。巴西是采用这种模式的典型代表。巴西是南美洲的一个大国，在发展社会经济过程中面临的环境问题也十分严峻。1998 年，巴西为了落实宪法保护公民环境的规定，特别制订了《巴西环境犯罪法》。

《巴西环境犯罪法》共分八章。第一章是总则规定，其特别之处在于对环境犯罪的主体规定方面，[1]根据规定，除了实行侵害环境行为的自然人和法人要承担相应刑罚之外，跟环境侵害行为有关联的人也要承担责任，有关联的人不仅包括负有监管职责的公务人员，而且包括法人内部的其他相关人员。第二章是处罚规定，对环境侵害行为人进行处罚时，标准并不是千篇一律，而是要参考行为人的具体情况，根据第 6 条规定，在对环境侵害行为进行处罚时要考虑违法者过去遵守环境法的历史情况，在决定罚金时则要考虑违法者的财务状况。[2]第 18 条则规定，"如果有迹象表明即使处以最高定额的罚金仍然不足以惩罚犯罪人，可以在考虑到行为人所获取的经济利益的情况下，处以最高为该金额 3 倍的罚金"。[3]第三章是环境违法犯罪产品和工具的扣押与处置规定，根据第 25 条的规定，"违法犯罪行为一经确认，行为人的产品和工具都要扣押"。[4]如此规定是为了阻

---

〔1〕《巴西环境犯罪法》第 2 条规定："任何人以任何方式参与实施本法规定的犯罪，都依照其罪责程度承担本法规定的刑罚。理事会或技术机构的理事、主管、成员，法人实体的审计员、经理、代理人或受托人，在知晓另一个人实施本法规定的犯罪行为之后，能够阻止该犯罪的发生而不进行阻止，也承担相应的惩罚。"参见郭怡译：《巴西环境犯罪法》，中国环境科学出版社 2009 年版，第 1 页。

〔2〕 参见郭怡译：《巴西环境犯罪法》，中国环境科学出版社 2009 年版，第 2 页。

〔3〕 参见郭怡译：《巴西环境犯罪法》，中国环境科学出版社 2009 年版，第 5 页。

〔4〕 参见郭怡译：《巴西环境犯罪法》，中国环境科学出版社 2009 年版，第 7 页。

止损害结果进一步扩散或加重。第四章是刑事诉讼及其程序
的规定，该章规定了潜在威胁较轻的案件的处罚方式以及终
止刑罚的条件等问题。第五章是危害环境的犯罪，具体规定
了危害动物罪、危害植物罪、污染和其他环境犯罪、违反城
市管理和危害文化遗产罪、妨害环境管理罪等罪名，涵盖范
围十分广泛。第六章是行政违法的规定，该章包含了有权提
起行政程序的主体、查证违法案件的时限、处罚方式、罚金
标准等规定，其中第 74 条规定的罚金标准颇为具体，即
"罚金应以单位、公顷、立方米、千克或其他适合的度量单
位，按照法定对象被破坏的程度处以"。[1]第七章是环境保
护的国际合作规定，主要规定了在维护国家主权和公共秩序
的前提下，巴西政府应他国请求无偿提供必要合作的方式。
第八章是附则部分，该章突出了《巴西环境犯罪法》在规
制环境违法犯罪行为方面的主体地位，特别强调刑法和刑事
诉讼法的相关规定作为本法的附属条款适用，其他与该法不
符的规定自该法实施之日起废止。

　　综上，《巴西环境犯罪法》对环境违法犯罪问题规定得
非常全面，不但规定了环境犯罪还规定了环境行政违法行
为，不但规定了环境犯罪的实体法内容还规定了刑事诉讼程
序，《巴西环境犯罪法》因此被认为是世界上最先进的环境
刑法之一。而巴西之所以对环境犯罪问题如此重视，主要源
于巴西有丰富的热带雨林、矿产资源等环境资源，但在经济

----

　　〔1〕　参见郭怡译：《巴西环境犯罪法》，中国环境科学出版社 2009 年版，
第 25 页。

发展过程中，这些资源面临着巨大的威胁。

（四）综合立法式

综合立法式模式，是指在行政性法规和刑法典中均有规制环境犯罪的法律规定，而且还制订了环境犯罪特别刑事立法。综合立法式模式可谓是刑法典、行政法、特别刑法"三轨"齐下，目前采用这一模式的只有日本。

日本环境刑法以 1970 年《公害罪法》的制订为界线，分为两个阶段。《公害罪法》制订之前，采取的是行政刑法和法典化并存的模式，《公害罪法》制订之后，采取的是以《公害罪法》特别立法为主导，法典化模式与行政刑法为补充的模式。日本刑法典没有采取专章规定环境犯罪的模式，与环境有关的犯罪散布在各章中，主要有污染饮用水罪、毒物混入水道罪、气体遗漏罪等，这些罪名表面看上去是跟环境有关的犯罪，但实际上都是从传统法益的角度出发规定的。日本的行政刑法主要有《大气污染防治法》、《海洋污染防治法》、《农田污染防治法》、《恶臭防治法》、《噪音控制法》等，这些行政法中都规定了环境犯罪的刑事处罚措施。

《公害罪法》作为规制环境犯罪的主导刑事法律，对传统刑法的一些原理、原则和制度等进行了调适，既包括犯罪主体、犯罪主观方面、因果关系推定等实体法内容，又包括诉讼时效、管辖等程序法内容。《公害罪法》的特别之处在于规定了危险犯和因果关系推定。该法第 2 条和第 3 条规定了危险犯，"工厂、企业故意或过失排放有害国民健康的物质，致使公众的生命或健康处于危险状态的，构成犯罪，可被判处监禁或罚金"。[1]这种规定把司法机关介入环境犯罪的时间点提前了，不必坐等损害结果的出现，有利于防范环境损害进一步扩大。该法第 5 条规定了因果关系推定原则，[2]由于环境犯罪的复杂性和长期潜伏性，因果关系常常难以证明，而因果关系推定原则通过高盖然性的逻辑判断保证侵害环境行为受到应有惩处。

二、我国环境刑法立法模式的选择

从环境刑法立法模式的演变来看，我国的环境刑法情况跟德国极为相似，都经历了从附属刑法到法典化的过程。1997 年《刑法》修订之前，主要是依托于零散的刑法典规范和行政法对环境犯罪进行规制，而行政法在其中起了主要作用。[3]1997 年《刑法》修订，将主要的环境犯罪类型集中设置在第六章第六节的"破坏环境资源保护罪"中，同

---

〔1〕 邹静："环境犯罪比较研究"，山东大学 2007 年硕士学位论文。

〔2〕 日本《公害罪法》第 5 条规定："在某工厂或事业场所，在其事业活动中排放有害人体健康的物质，且其单独排放量已达到使公众的生命或健康受到危害之程度的情况下，若在排放此物质的地域内，公众的健康或生命早已由此物质而受到损害和威胁，则便可推定，此种危害纯系该排放者所排放的此种有害物质所致。"参见［日］藤木英雄：《公害犯罪》，丛选功等译，中国政法大学出版社 1992 年版，第 18 页，转引自王明远、赵明："环境刑法的立法模式探讨"，载《中国环境法治》2009 年第 6 期。

〔3〕 如 1995 年的《大气污染防治法》、《固体废物污染环境防治法》以及 1996 年的《水污染防治法》，分别以类推的形式创立了大气污染罪，违反规定收集、贮存、处置危险废物罪，水污染罪三个新的罪名。参见赵秉志、王秀梅、杜澎：《环境犯罪比较研究》，法律出版社 2004 年版，第 29 页。

时在危害公共安全罪、走私罪等章节中也有环境犯罪的规定，使我国环境刑事立法取得了重大突破，开启了纯正法典化的立法模式，一直沿用至今。

设置专门一节规定环境犯罪，增强了环境刑法的系统性，有利于保持我国刑事法律的稳定性。但随着社会经济的发展和科技的进步，环境犯罪问题愈演愈烈，对环境造成的损害也随之加重，这种体例安排存在诸多弊端，已难以适应规制环境犯罪的现实需要：首先表现在不能明确反映环境犯罪的客体。《刑法》第六章是"妨害社会管理秩序罪"，将环境犯罪设置在这一章中，这一体例安排实际上是环境保护管理制度在刑法中的延伸，保护的客体是环境管理秩序，而非环境利益。除了主要罪名安排在这一章中，还有许多罪名散布在其他章节中，分别被赋予了不同的保护客体。规制环境犯罪的法律规范作为保护环境利益的一个整体，却要"戴上不同的面罩"，在不同的家庭里"安身立命"，不能以真实面目示人，如何体现对环境利益的保护，如何形成合力打击环境犯罪？再者，环境犯罪在刑法中的位阶较低。把"破坏环境资源罪"同"扰乱公共秩序罪"、"走私、贩卖、运输、制造毒品罪"[1]、"组织、强迫、引诱、容留、介绍卖淫罪"[2]等治安、街区类犯罪归为一章，没有体现出环境犯罪保护法益的特殊性和重要性。因此，重设环境犯罪立法模式成为大势所趋。

------

〔1〕《刑法》第6章第7节。
〔2〕《刑法》第6章第8节。

通过比较各国环境刑法立法模式发现，行政刑法式立法模式只有在英美这样的没有成文法典的国家才有生存的空间，在行政法中辅以刑事法律规定，划清了从违法到犯罪的界线，没有超越这一界线只是违法行为，超越了这一界线就是犯罪行为，有利于执法者和司法者做出明确的判断。再加上英美等国行政法涵盖面比较广，涉及环境要素的方方面面，形成了一张保护环境的网，可以对各种环境犯罪进行规制，让严重损害环境的行为无所遁形。但如若有刑法典的国家也通过散见于不同行政法中的刑事条款规制环境犯罪，不但会造成法律适用的混乱，也与刑法典存在的价值相左。因此，行政刑法式的立法模式不适合我国的环境立法。

特别立法式模式得到了很多学者的认可，主要是基于以下考虑：环境问题关系人类的生存繁衍，环境犯罪具有区别于其他犯罪类型的独特属性和调整方法，通过特别立法，体现出立法机关对环境犯罪给予特殊规范和处罚的态度，从而实现对环境犯罪的预防和控制。再者，环境犯罪无论在犯罪构成的侵犯客体、因果关系方面，还是在诉讼阶段的举证、追诉方面，都有很强的专业性和非典型性，立法者从立法技术的角度出发，采取巴西的特别立法模式，将实体法和程序法统一立法，有助于解决现实中的这些问题，不至于破坏刑法典的整体框架和基本原则的统一性。学者对规制环境犯罪的迫切要求和立法技术上的突破值得称赞，但从我国目前的立法精神来看，单独特别立法的时机还不成熟。[1]因此，特别立法式也行不通。而日本的综合式立法模式，刑法典、行政法、特别刑法"三轨"齐下，不但立法精神和立法技术不符合我国的现状，而且在法律适用方面纷繁复杂，给执法、司法增添了诸多不便。

综上，我国现在采用的刑法典式立法模式还是最适合的。但是，我国环境刑法在继续沿用这一模式的基础上，需要对这一模式在架构上进行一些调整，同时在内容上需要做一些补充，以使这一模式更加完备，内部各要素之间相互统一，方能适应规制环境犯罪的要求。

三、现行立法模式的改良

（一）以环境利益为统一客体单独设章

环境犯罪侵害的客体是关系人类生存发展的环境利益[2]，而不是人身权利、财产权利，也不是环境管理秩序。环境利益才是规制环境犯罪法律的"家"，应该将"破坏环境资源保护罪"从"妨害社会管理秩序罪"中剥离出来，把其安置于此。同时，散布于其他章节的涉及环境利益

---

〔1〕"我国刑事法治尚处起步阶段，维护刑事立法的统一性和集约性是走向刑事法治的不二选择，如果允许环境刑法游离于刑法典之外独立行走，那么更具必要性的军事刑法、经济刑法必然也会乘势登场，最终难免会形成刑法典被肢解的格局。"参见高铭暄、徐宏："环境犯罪应当走上刑法'前台'——我国环境刑事立法体例之思考"，载《中国检察官》2010年第2期。

〔2〕本书主张环境犯罪侵犯的客体是环境利益，详细内容将在第五章进行论述。

的罪名也应该被纳入这一章中，具体包括第三章第二节"走私罪"中第151条第2款的走私珍贵动物、珍贵动物制品罪和第3款的走私国家禁止进出口的货物、物品罪，第152条第2款的走私废物罪；第三章第八节"扰乱市场秩序罪"中第228条的非法转让、倒卖土地使用权罪；第九章"渎职罪"中第407条的违法发放林木采伐许可证罪，第408条的环境监管失职罪，第410条的非法批准征用、占用土地罪和非法低价出让国有土地使用权罪。这些犯罪行为实际上都造成了环境利益的损害，因此应当从其他章节中剥离出来，纳入以环境利益为统一客体的专章中集中规制，有利于环境刑法体系的统一性和完整性。

专章的整体框架搭好后，就要对各种罪名进行梳理排位。前文已经就环境犯罪的学理分类进行论述过，因此按照环境污染犯罪、破坏自然资源犯罪、危害物种平衡犯罪、环境管理渎职犯罪的分类标准架构这一章的节次，以体现环境犯罪的系统性和层次性。这样环境犯罪的章节体系就构建好了，既保持了环境犯罪的整体性，又保持了内部结构的层次性。

因此，以环境利益为客体单独设置一章规制环境犯罪，既突出了环境利益优先保护的理念，又突出了整体保护的理念，既明确和统一了环境犯罪客体，又提高了环境犯罪法律规范的位阶。

(二) 根据环境要素类别增设相关罪名

我国环境刑法的罪名体系目前还不完善，保护范围太窄导致罪名缺失，存在很多立法的盲区，许多跟人类生存相关的环境要素得不到刑法的有效保护，给了行为人侵害环境的可乘之机，这与环境犯罪日渐多样化和复杂化的现实情况严重脱节。因此，扩大刑法的保护范围，根据环境要素增设相关罪名，成为形势所趋。

第一，增设危害海洋环境罪。"海洋生态损害悄然蔓延，通过民事赔偿行政处罚已无法补救，如不采取凌厉的刑罚手段予以遏制，势必危及人类生存。"[1]而海洋一直是我国《刑法》的"准盲区"，之所以不是完全盲区，是因为还有《刑法》第338条污染环境罪和第340条非法捕捞水产品罪涉及海洋。但第338条的污染环境罪只是一个概括的罪名，并没有根据污染对象的不同进行差别处置，没有区分水体、大气、土地，更不用说进行内水和海洋的区分。而海洋污染具有污染源种类多、污染持续力强、对海洋生物危害严重等特点，单凭一个笼统的污染环境罪根本无法有针对性地规制污染环境的犯罪行为。再者，海洋是一个独立的生态系统，应该根据其生态性制订专门的刑事保护措施。因此，建议增设危害海洋环境罪，加强对海洋的特殊保护。

第二，增设破坏草原罪。草原是重要的环境要素之一，具有不可或缺的生态功能。[2]但由于受利益驱动和监管的

---

〔1〕 于阜民、刘卫先："海洋生态损害行为刑事责任论"，载《当代法学》2009年第5期。

〔2〕 "我国共有草原约4亿公顷，占国土面积的41.7%，作为我国面积最大的陆地生态系统，生态地位十分重要。"杨维汉："依法惩治非法占用开垦草原犯罪——人民法院审理破坏草原资源刑事案件的司法考量"，http://news.xinhuanet.com/legal/2012-11/22/c_113770509.htm，访问日期：2014年12月5日。

不到位，超限放牧、盲目开垦现象非常突出，加剧了水土流失和土地的荒漠化，草原生态逐年恶化。为了解决立法的缺失导致的司法被动，最高人民法院于 2012 年出台了《关于审理破坏草原资源刑事案件应用法律若干问题的解释》，其第 1 条规定："违反草原法等土地管理法规，非法占用草原，改变被占用草原用途，数量较大，造成草原大量毁坏的，以非法占用农用地罪定罪处罚。"司法解释的出台，为规制破坏草原的犯罪行为找到了法律依据，对行为人起到了一定的威慑作用。但是也应该认识到其存在的问题，司法解释在刑法无明文规定的前提下，向非法占用农用地罪求助，实属无奈。草原和农用地虽然都有农业生产的功能，但草原的价值更多地体现在其调节生态平衡方面，借用非法占用农用地罪的法律规定根本体现不出这一价值，导致了法律适用的不契合性。因此，建议增设破坏草原罪，根据破坏草原的危害性定罪量刑。

第三，增设破坏湿地罪。湿地被称为"地球之肾"，对净化水质、降解污染起着不可或缺的作用。近年来，围垦、基建占用、污染导致湿地面积大幅减少，伴随而来的是生态功能下降，生物多样性减退。2004 年国务院批准了《全国湿地保护工程规划》，2013 年国家林业局出台了《湿地保护管理规定》，我国对湿地的保护在逐渐加强，但规划只是纲领性的，管理规定缺乏惩罚措施，法律不健全成了湿地保护面临的最大瓶颈。

第四，增设破坏自然保护区罪。我国《自然保护区条例》规定："自然保护区是对有代表性的自然生态系统、珍稀濒危野生动植物物种的天然集中分布区等进行特殊管理和保护的区域，是一个独立的生态系统，对自然环境起着重要的稳定作用。"目前，在现行《刑法》和司法解释中有多个涉及自然保护区的条文，如《刑法》第 345 条盗伐林木罪、滥伐林木罪规定，盗伐、滥伐国家级自然保护区内的森林或者其他林木的，从重处罚。2013 年《最高人民法院、最高人民检察院关于办理环境污染刑事案件适用法律若干问题的解释》第 1 条规定，在"自然保护区核心区排放、倾倒、处置有放射性的废物、含传染病病原体的废物、有毒物质的"，应当认定为"严重污染环境"。这些散见的条文依托于其他罪名对自然保护区的个别要素进行保护，无法形成整体保护，而自然保护区是一个完整的生态系统，因此单独设置破坏自然保护区罪形成整体优势，才是根本之道。

刑法保护环境的体系构建完成，以后随着社会经济的发展，还会出现很多侵害环境的新情况，可以根据环境保护的需要再增设相关罪名。

环境犯罪构成之重构

"犯罪构成是区分罪与非罪的法律标准"[1]，"是区别此罪彼罪的界限"[2]，因此能否成立环境犯罪得看环境犯罪构成这把标尺。由于环境犯罪的主体在理论界的观点比较一致，在立法上也较为完善，因此不加以阐述。下面将以环境利益为视角，对环境犯罪四大要件中的客体、客观方面、主观方面要件进行重构。

第一节　环境犯罪客体重构

犯罪客体是我国刑法所保护的，被犯罪行为所侵害或者威胁的社会关系。犯罪客体是否遭到侵害，是确定行为是否具有可罚性的依据，而侵害的是何类客体，则是区分犯罪类型的标准。环境犯罪作为刑法家族的新成员，犯罪客体是跟其他犯罪类型相区别的标签，也是环境犯罪行为人入罪的依据。

---

〔1〕　于阜民：《刑法学》，科学出版社 2013 年版，第 52 页。
〔2〕　于阜民：《刑法学》，科学出版社 2013 年版，第 53 页。

"根据犯罪客体所包含的社会关系的差异，犯罪客体可分为一般客体、同类客体和直接客体。"〔1〕"一般客体通常指一切犯罪共同侵犯的客体，即我国刑法保护的整体社会关系，它反映了所有犯罪行为的共同本质，即都侵犯了刑法所保护的社会关系。"〔2〕我国《刑法》第 2 条关于刑法任务的规定、第 13 条〔3〕关于犯罪概念的规定，系统地揭示了犯罪一般客体的具体内容。每一具体犯罪行为都直接侵犯了一个或者几个具体的社会关系，所有具体犯罪行为侵犯的直接社会关系的高度概括，就是犯罪所侵犯的社会关系的整体，即犯罪的一般客体。"一般客体揭示了犯罪的共性特征，说明了犯罪社会危害性的基本含义，可以使人们在行为的社会危害性总的方向上掌握罪与非罪的界限。"〔4〕环境犯罪作为一类罪，同其他犯罪行为一样，侵犯的一般客体也是我国刑法所保护的社会关系。但一般客体只能将环境犯罪与非犯罪行为区分开来，并不能将其和其他犯罪类型区分开，更不能区分环境犯罪内部的各种犯罪。要将环境犯罪跟其他犯罪类型区分开则要借助同类客体，环境犯罪内部各种犯罪

---

〔1〕 马克昌：《犯罪通论》，武汉大学出版社 2006 年版，第 113 页。

〔2〕 马克昌：《犯罪通论》，武汉大学出版社 2006 年版，第 113 页。

〔3〕 《刑法》第 13 条规定："一切危害国家主权、领土完整和安全，分裂国家、颠覆人民民主专政的政权和推翻社会主义制度，破坏社会秩序和经济秩序，侵犯国有财产或者劳动群众集体所有的财产，侵犯公民私人所有的财产，侵犯公民的人身权利、民主权利和其他权利，以及其他危害社会的行为，依照法律应当受刑罚处罚的，都是犯罪。……"

〔4〕 马克昌：《犯罪通论》，武汉大学出版社 2006 年版，第 113 ~ 114 页。

的区分则要借助直接客体，因此下面重点探讨环境犯罪的同类客体和直接客体。

一、环境犯罪的同类客体

"同类客体是指某一类犯罪所共同侵犯的客体，是刑法所保护的社会关系的某一部分或某一方面。"[1]在现行《刑法》中，环境犯罪的同类客体被认为是社会管理秩序，是关于环境资源保护的管理秩序，据此，环境犯罪被列为妨害社会管理秩序罪的一部分，规定在第六章的第六节中。"妨害社会管理秩序，按其本意应当是行为人故意地妨害国家机关的社会管理活动，破坏社会秩序，情节严重的行为。"[2]而综观各种环境犯罪行为，很难发现行为人对国家机关社会管理活动的故意妨害。刑法规定的不周延已不适应环境保护和规制环境犯罪的迫切需求。

自刑法涉足环境保护以来，人们习惯于拿着旧有的"标尺"来衡量环境犯罪，企图用原有的理论让环境犯罪就犯，结果是产生了排异反应，环境犯罪一直没有被完全"驯服"。环境刑法保护的同类客体也承袭了原有的模式，"公共安全"、"环境保护管理制度"纷纷亮相，想在规制环境犯罪方面占有一席之地，理论的误导，最终导致了立法的错位，对一些污染环境的犯罪比照《刑法》第 115 条或者

---

〔1〕　马克昌：《犯罪通论》，武汉大学出版社 2006 年版，第 114 页。
〔2〕　陈兴良：《刑法疏义》，中国人民公安大学出版 1997 年版，第 451 页。

第 187 条的规定追究刑事责任。[1] 而彼时的《刑法》第
115 条便是"危害公共安全罪"中的违反危险物品管理规定
肇事罪,将固体废物污染犯罪、水污染犯罪归入违反危险物
品管理规定肇事罪,离环境刑法保护的法益相去甚远。[2]

通过刑法修订,环境刑法在客体理论方面有所突破,但
还是没脱离旧有的模式。现行《刑法》将"破坏环境资源
保护罪"列入"妨害社会管理秩序罪"一章中,可见采纳
的客体说是"环境管理秩序",如第 338 条污染环境罪规定
的"违反国家规定……";第 339 条第 2 款的擅自进口固体
废物罪规定的"未经国务院有关主管部门许可……";第 340
条非法捕捞水产品罪规定的"违反保护水产资源法规……"
等,处处打着"环境管理秩序"的烙印。客体从"公共安
全"到"环境管理秩序"的变换,只是给环境换了一把
"遮阳伞",但环境需要的不是"遮阳伞",而是一把能替它
遮风挡雨的"保护伞"。从妨害国家有效进行环境保护、防
止环境侵害行为发生的角度看,把环境犯罪设置在"妨害
社会管理秩序罪"一章中有其合理的一面,但环境犯罪侵

---

〔1〕 如 1997 年《刑法》修订之前,1995 年《固体废物污染环境防治法》
第 72 条规定:"违反本法规定,收集、贮存、处置危险废物,造成重大环境污
染事故,导致公私财产重大损失或者人身伤亡的严重的后果的,比照刑法第 115
条或者第 187 条的规定追究刑事责任。"1996 年《水污染防治法》第 43 条规定:
"违反本法规定,造成重大水污染事故,导致公私财产重大损失或者人身伤亡的
严重后果的,对有关责任人员可以比照刑法第 115 条或者第 187 条的规定,追究
刑事责任。"
〔2〕 参见杜澎:"环境刑法对传统刑法理念的冲击",载《云南法学》2001
年第 1 期。

害的社会关系除了有国家社会管理秩序的内容外，更主要的内容是人类赖以生存和发展的环境利益。总体来说，我国现行环境刑法欠缺环境本位的思想，并没有把环境作为一个独立的对象进行保护，只是借了环境一个外壳保护传统客体而已。不管是环境犯罪客体的"公共安全说"、"环境保护管理制度说"，还是"环境社会关系说"，都没有揭示环境犯罪的真正本质，环境犯罪是对人类生存和发展的环境利益的侵害，而不是对公共安全、社会关系的侵害，更不是对管理秩序的侵害。

环境犯罪的同类客体是环境利益，环境犯罪是对人类生存和发展所依赖的环境的侵害。维持生态环境的良性运转，维护生态环境的良好品质，主要是取决于对环境利益的保护。各种环境犯罪均是对环境利益的严重侵害，如第六章第六节的第338条规定的污染环境罪，其侵害的直接对象是土地、水体、大气等环境载体，而不是国家对土地、水体、大气等的环境管理秩序。相应地，第338条所要保护的客体是人们享有的附着在良好质量的土地、水体和大气等环境载体上面的环境利益，而不是国家对土地、水体和大气等保护管理的正常运作状态。第341条规定的非法猎捕、杀害珍贵、濒危野生动物罪，其侵害的直接对象是珍贵、濒危野生动物，保护的客体是人们因保持生物的多样性而享有的环境利益。

环境利益作为环境犯罪的同类客体有着重要的现实意义。首先，有助于提高环境刑法的位阶。整个刑法是根据客体划分的犯罪类别，没有独立的客体就不能成为一类犯罪。

之前由于没有独立的客体做支撑，环境犯罪只能寄人篱下，被安排在第六章"妨害社会管理秩序罪"中，淹没在妨害社会管理秩序罪中，无法正确反映自己的社会危害性。环境利益确定为客体之后，环境犯罪就可以跳出妨害社会管理秩序罪，同其他犯罪类型处于同等的法律地位，成为独立的一章，环境刑法的位阶也相应提高了。其次，有助于环境刑法的去行政化。环境刑法脱胎于行政法，也受困于行政法。正是受行政法的束缚，环境犯罪才被戴上了违反环境保护管理制度的帽子，而环境利益的引入可以帮其摘掉这顶帽子——环境犯罪是对环境利益的侵犯，而不是简单地对行政规范的违反，对行政规范的违反只是环境犯罪的形式特征，对环境利益的侵害才是其本质特征。再次，有助于形成对环境特有的保护体系。客体的独立决定了法律规范的独立，意味着法律规范必须围绕着如何保护环境展开，保护环境才是环境刑法的本质和目的，法律保护的路径由之前的主要保护人身权、财产权附带保护环境利益，转向主要保护环境利益而附带保护人身权、财产权。最后，有助于将刑法介入环境犯罪的时间提前。环境刑法保护的客体是环境利益，意味着环境利益是环境刑法的唯一坐标，人身权和财产权等其他权利和利益都是边缘权利和利益，它们不是环境刑法的应有之义，这些权利和利益是否遭到侵害不是环境刑法启动的原因，环境刑法始终以环境利益为参照物，由于环境利益所附着的环境具有不可逆性，为了保护环境，环境刑法必须提前介入，将环境犯罪扼杀在摇篮中。

综上，把环境利益确定为环境犯罪的同类客体，意味着刑法的犯罪类型会扩容，从 10 类扩充为 11 类，规制环境犯罪的法律终于有了安身之所。与之相对应的是，《刑法》第 2 条关于刑法任务的规定和第 13 条关于犯罪概念的规定，都应增加关于环境利益的规定。现行《刑法》第 2 条和第 13 条虽然都有"其他权利"和"其他危害社会的行为"的补充规定，但都不足以表现对环境保护的重视和迫切要求。

二、环境犯罪的直接客体

"直接客体，是某一犯罪行为所直接侵害或威胁的具体社会关系。"[1]刑法所保护的社会关系，就是由这些单个具体的社会关系所组成的。如前所述，将环境犯罪独立成章后，在其内部将环境犯罪划分为四小类，分别为环境污染犯罪、破坏自然资源犯罪、危害物种平衡犯罪、环境管理渎职犯罪，下面将对这四类环境犯罪的直接客体分别进行探讨。

《刑法》规定的环境污染犯罪主要包括污染环境罪、非法处置进口的固体废物罪、擅自进口固体废物罪以及走私废物罪等，这些犯罪行为违法向环境排放（或存在排放的必然性）明显超过环境自净能力、再生能力的物质或能量，已经或足以降低环境的质量，严重污染环境，它们侵犯的直接客体都是人们对土地、水体、大气等自然载体享有的良好的环境品质。污染环境罪行为人通过"排放、倾倒或者处

---

[1] 马克昌：《犯罪通论》，武汉大学出版社 2006 年版，第 115 页。

置有放射性的废物、含传染病病原体的废物、有毒物质或者其他有害物质"[1]，对环境造成了严重污染。非法处置进口的固体废物罪行为人通过"将境外的固体废物进境倾倒、堆放、处置"[2]的方式，对环境造成严重污染，该罪名表面上侵犯了国家有关固体废物污染防治的管理制度，但实际上是对良好环境品质的侵犯，国家对固体废物进行管理，实际目的是为了保护环境。擅自进口固体废物罪行为人通过"擅自进口固体废物用作原料"[3]的方式，导致重大环境污染事故，该罪名的客体同非法处置进口的固体废物罪的客体是一致的，也是良好的环境品质，而不是国家对固体废物的管理制度，国家对进口固体废物进行管理只是保护环境的一种手段，保护环境才是最终目的。走私废物罪行为人"逃避海关监管，将境外固体废物、液态废物和气态废物运输进境"[4]，最终将导致我国环境的严重污染。

《刑法》规定的破坏自然资源犯罪主要包括"非法占用农用地罪"[5]、"非法采矿罪"[6]、"破坏性采矿罪"[7]、"盗伐林木罪"[8]、"滥伐林木罪"[9]、"非法收购、运输

---

〔1〕《刑法》第338条。
〔2〕《刑法》第339条第1款。
〔3〕《刑法》第339条第2款。
〔4〕《刑法》第152条第2款。
〔5〕《刑法》第342条。
〔6〕《刑法》第343条第1款。
〔7〕《刑法》第343条第2款。
〔8〕《刑法》第345条第1款。
〔9〕《刑法》第345条第2款。

盗伐、滥伐的林木罪"〔1〕等。这些犯罪行为改变或者破坏土地、矿产、森林资源的原有面貌、形状，使得土地、矿产、森林资源丧失了原有的环境平衡功能。自然资源是环境的重要组成部分，自然资源的破坏必将导致环境的恶化，从而危及人们的环境利益。非法占用农用地罪行为人"非法占用耕地、林地等农用地，改变被占用土地的用途"〔2〕，造成耕地、林地等农用地大量毁坏，其侵犯的直接客体是土地环境的生态安全，国家通过法律法规对土地资源利用进行约束，"建立土地资源保护的管理制度，目的是为了保护土地资源不受侵害，防止土地资源滥用导致的环境破坏"。〔3〕非法采矿罪行为人"未取得采矿许可证擅自采矿，擅自进入国家规划矿区采矿"〔4〕，造成了矿产资源的严重破坏，其侵犯的直接客体是矿产资源的生态安全。盗伐林木罪行为人以非法占有为目的，盗伐森林或者其他林木，数量较大，严重破坏了森林资源，侵犯的直接客体是森林资源的生态安全。滥伐林木罪行为人未经林业行政主管部门核发林木采伐许可证，或者虽持有许可证，但违反许可证规定的时间、数量、树种或者方式，任意采伐森林或其他林木，严重破坏了森林资源，其侵犯的也是森林资源的生态安全。

---

〔1〕《刑法》第345条第3款。
〔2〕《刑法》第342条。
〔3〕吴献萍：《环境犯罪与环境刑法》，知识产权出版社2010年版，第232页。
〔4〕《刑法》第343条。

　　《刑法》规定的危害物种平衡犯罪主要包括"非法捕捞水产品罪"[1]、"非法猎捕、杀害珍贵、濒危野生动物罪"[2]、"非法收购、运输、出售珍贵、濒危野生动物、珍贵、濒危野生动物制品罪"[3]和"非法采伐、毁坏国家重点保护植物罪"[4]等。这些犯罪行为违反国家关于水产资源、野生动植物保护的法律法规，破坏水产资源、野生动植物资源或者非法买卖、运输野生动植物资源及其制品，破坏了物种平衡，从而严重侵害了人们赖以生存的自然环境。非法捕捞水产品罪行为人在禁渔区、禁渔期或者使用禁用的工具、方法捕捞水产品，严重扰乱了水产资源的繁殖、再生或者生长，其侵犯的直接客体是水产资源的物种平衡。非法猎捕、杀害珍贵、濒危野生动物罪行为人猎捕、杀害国家重点保护的珍贵、濒危野生动物，侵犯了野生动物的生态平衡。野生动物是宝贵的自然资源，是地球物种和生态平衡的重要组成部分，珍贵、濒危野生动物由于数量极其少，甚至濒临灭绝，具有更高的生态价值。非法采伐、毁坏国家重点保护植物罪行为人非法采伐、毁坏珍贵林木或者国家重点保护的其他植物，破坏了植物的多样性，并最终危害物种的平衡，国家重点保护植物包括列入国家重点保护野生植物名录的树木、国家禁止出口限制出口的珍贵树木等，这些植物是丰富生物多样性的重要内容，是重要的自然资源和环境要

---

〔1〕《刑法》第 340 条。
〔2〕《刑法》第 341 条第 1 款。
〔3〕《刑法》第 341 条第 1 款。
〔4〕《刑法》第 344 条。

素，同时也是维持物种平衡的重要植物资源。

　　《刑法》规定的环境渎职犯罪主要包括"违法发放林木采伐许可证罪"[1]、"环境监管失职罪"[2]、"非法批准征用、占用土地罪"[3]和"非法低价出让国有土地使用权罪"[4]等。这些犯罪行为的行为人都是负有环境监管、土地管理职责的国家机关工作人员。从表面上来看，这些犯罪行为侵犯的是国家对环境保护、土地利用的监管制度，但实质上，它们以侵犯环境保护、土地利用监管制度的方式，助推了重大污染事故和土地滥占滥用的发生，并最终破坏环境和威胁土地生态安全。环境监管失职罪行为人严重不负责任，导致发生重大污染事故，对环境造成了严重损害，既侵犯了国家对环境污染防治的管理制度，又侵犯了环境的良好品质，因此环境监管失职罪侵犯的客体是双重客体，环境的良好品质是主要客体，国家对环境污染防治的管理制度是次要客体，行为人通过侵犯环境污染防治管理制度的方式，最终侵犯了环境的良好品质，对环境的良好品质的侵犯决定了环境监管失职罪的社会危害性质，从而也决定了其在刑法分则中的归属。非法批准征用、占用土地罪行为人徇私舞弊，违反《土地管理法》、《森林法》、《草原法》等法律法规，非法批准征收、征用、占用耕地、林地等农用地以及其他土地，造成土地大量毁坏，破坏了土地的生态安全，该罪侵犯

---

　　[1]　《刑法》第407条。
　　[2]　《刑法》第408条。
　　[3]　《刑法》第410条。
　　[4]　《刑法》第410条。

的客体也是双重客体，既侵犯了国家对土地的正常管理活动，又侵犯了土地的生态安全。其中土地的生态安全是主要客体，国家对土地的正常管理活动是次要客体，对土地生态安全的侵犯决定了其社会危害性。

第二节　环境犯罪客观方面重构

　　环境犯罪的客观方面是环境犯罪侵害行为的外在表现形式，主要包括危害行为、危害结果及因果关系等。传统刑法理论给环境犯罪行为打上了"违反行政法"的烙印，主张环境犯罪以违反环境行政法为前提。应该肯定环境行政法对环境刑法的支撑作用，但也应该认识到正是这种支撑限制了环境刑法的边界，使得环境刑法局限于对环境管理制度的保护。同时，现有刑法基于对传统法益的保护，只设置了结果犯和行为犯两种环境犯罪成立的形态，无法实现对环境犯罪的事前预防。因此，将对环境犯罪行为与行政违法性的关系、增设危险犯、因果关系的调整进行讨论。

一、行政违法性不应是构成要件

　　如果行政违法是构成要件，环境犯罪的定性要处处看行政法的"脸色"，如果违反了行政法且达到了严重程度应该构成环境犯罪，这是没有争议的。但如果环境行为符合行政法的规定或行政许可，却严重损害了环境，是否就不构成环境犯罪呢？这要分两种情况进行讨论。一种情况是环境损害行为人通过违法手段获得了形式上的行政许可，比如与行政许可公务人员串通违法获得许可，在行政许可的保护下行损害环境之实。此类行为在形式上符合行政法的规定，但在实质上却侵害了环境。这种情况下不但要追究环境犯罪行为人的刑事责任，还要追究行政许可公务人员的刑事责任。另一种情况是环境损害行为人在合法获得了行政许可的情况下，严重损害了环境。此种情况从行政违法性来考量，则不构成环境犯罪，但从行为的社会危害性来看，其严重损害了环境利益，理应受到刑事处罚。从形式上看，行政违法性的有无会干扰对环境损害行为的判断，甚至会影响环境犯罪的入罪和出罪，因此，应该摒弃这一要件，还环境刑法以自由裁量的空间。

环境犯罪本质上是对环境利益的侵害，环境利益是事关人类生存繁衍的根本利益，这决定了环境犯罪行为的非难性和行为人的谴责性。如果行政违法是构成要件，人类的环境利益将无法得到充分保护。因为环境行政法的界限会限定环境刑法的界限，纳入环境行政法保护范围的环境利益可以相应地得到刑法的保护，但没有纳入其保护范围的环境利益相应地也会成为刑法的"弃儿"。环境刑法如果以环境行政法为参照物，那些没有被环境行政法禁止但严重损害环境利益的行为就会成为漏网之鱼。"对于本身违反了人类道德底线的环境侵害行为，由于行为严重地违背了人类的共同道德情感，其性质已经达到了犯罪化的程度，无论环境行政法是否有规定，都应将其犯罪化。"[1]

二、增设环境犯罪危险犯

环境损害行为要达到何种程度才构成环境犯罪，涉及环境犯罪成立的形态是结果犯、行为犯还是危险犯的问题，而这三种形态则关系到刑事手段介入环境损害行为的时间点。

我国现行《刑法》只规定了环境犯罪的结果犯和行为犯。环境犯罪结果犯是指行为主体实施了严重侵害环境的行为，实际造成了环境损害的严重后果，就构成环境犯罪。受传统刑法理论的影响，结果犯在环境犯罪中占了大多数，如第338条[2]污染环境罪规定的"严重污染环境"就是结果性规定。环境犯罪行为犯是指只要行为主体实施了严重侵害环境的行为，就构成环境犯罪，不必考量是否造成了损害结果和是否使环境处于某种危险状态，根据《刑法》第339条非法处置进口的固体废物罪的规定[3]，只要求行为主体违法实施了倾倒、堆放、处置行为就可以入罪，不必等损害结果的出现。由于环境犯罪行为犯不以发生环境损害后果为必要条件，体现了刑法对此种环境侵害行为的严厉性评价，

---

〔1〕 参见侯艳芳："环境刑法行政化的基本问题探析"，载《武汉理工大学学报》（社会科学版）2008年第5期。

〔2〕《刑法》第338条规定："违反国家规定，排放、倾倒或者处置有放射性的废物、含传染病病原体的废物、有毒物质或者其他有害物质，严重污染环境的，处3年以下有期徒刑或者拘役，并处或者单处罚金……"

〔3〕《刑法》第339条规定："违反国家规定，将境外的固体废物进境倾倒、堆放、处置的，处5年以下有期徒刑或者拘役，并处罚金。"

只要有行为就构成犯罪，损害结果只是在处罚上有加重意义，因此行为犯的设置跟结果犯相比，更有利于环境利益的保护。但基于刑法的谦抑和公平原则，又不能将所有环境犯罪设置成行为犯。而由于有些环境犯罪具复杂性和长期潜伏性，坐等损害结果的出现会对环境造成不可逆转的损害，对于这类犯罪行为犯的设置过于严厉，结果犯的设置又具有滞后性，不利于环境利益的保护，因此有必要设置危险犯。所谓环境犯罪危险犯是指行为主体实施了严重侵害环境的行为，使环境处于一种危险状态之中，对环境利益构成了严重威胁，就构成环境犯罪。可见，危险犯是刑法对环境侵害行为介于行为犯和结果犯之间的中性评价，如果设置成行为犯则过于严厉，如果设置成结果犯又过于松弛，危险的严厉程度恰恰居于二者之间。在环境犯罪中设置危险犯，主要是基于保护环境利益的需要考虑的，只要侵害环境的行为足以使环境利益附着的环境处于某种危险的状态，就成立环境犯罪，这样做的目的是尽量避免环境损害结果的出现，也说明环境刑法的评价标准从单纯地保护人身权、财产权转向保护人类的环境利益。

基于环境犯罪问题的严峻和环境利益保护的需要，设置环境犯罪危险犯成为形势所趋。但危险犯的设置不能一概论之，而是应该有选择性。环境刑法增设危险犯，应该秉持谦抑原则，将真正值得处罚的环境犯罪行为纳入处罚范围，因此，环境刑法不能将所有环境犯罪纳入危险犯的范畴。环境污染犯罪对环境造成的损害结果具有长期潜伏性，一般不会立马出现，但危险状态却是长期客观存在的，一旦危险状态转化成损害结果，在短期内无法恢复，甚至永远都恢复不到原状。刑法的及早介入又可以将危险状态中断，避免环境遭受进一步地破坏。再者，环境污染犯罪不是经济发展过程中无法避免的，如果行为人对环境行为履行充分的注意义务，污染是可以避免的，而较为严格的危险犯设置可以增加环境行为人的注意义务，因此建议在环境污染犯罪中设置危险犯。我国环境刑法应当补充环境污染犯罪的危险犯条款，淡化对环境污染犯罪构成要件中结果的要求。由于环境犯罪保护的是环境利益，因此环境污染犯罪危险犯中的危险必须是针对环境利益的危险，应以环境刑法所保护的环境利益是否受到威胁为认定标准，而不是以人身权利、财产权利等是否受到威胁为标准。环境污染犯罪危险犯的设置，既可以避免结果犯损害结果的延迟性，又可以摒弃行为犯刑法评价的严厉性，更主要的是体现了环境刑法的预防理念，可以使行为人在从事涉及环境的社会活动时增加注意义务，减少环境损害的发生，从而有利于环境利益的保护。其他环境犯罪由于各自的特点和所需的保护力度，不适宜设置危险犯。

三、环境犯罪因果关系调整

单纯的行为和结果无法对犯罪进行认定，串联二者的因果关系才是认定犯罪的逻辑起点。刑法因果关系其实是一个老问题，但现实世界层出不穷的新情况无时无刻不考验着因果关系的适用性，环境犯罪就是新情况之一。某些环境犯罪具有特殊的发生机理，使得损害结果具有复杂性和隐蔽性等特点，环境侵害行为与损害结果之间的联系很难直接查明，这导致了司法实践中的一些环境犯罪行为人无法被定罪量刑。侵害环境的行为因为难以得到结果的佐证而免受处罚，环境利益被任意侵害，有违法律的公平性，因此需要调整环境犯罪的因果关系理论。在调整之前，先要说明需要调整的范围。从环境犯罪完成形态的角度来看，并不是所有的环境犯罪都需要证明因果关系，因果关系仅存在于对环境利益造成实际损害后果或者使环境利益处于某种危险的环境犯罪中，即仅存在于结果犯和危险犯中，因为环境犯罪行为犯不要求对环境利益造成实际损害后果，也不要求产生损害环境利益的危险状态，因此不必考察侵害行为与损害结果之间的关系。从环境犯罪的类型来看，并不是所有的环境犯罪的因果关系证明都很困难，有些环境侵害行为和环境损害结果之间的关系简单易查，运用传统的因果关系理论就可以较为容易地认定，而虽然主张将环境污染犯罪设置成危险犯，但很多环境污染犯罪是在造成损害结果之后才被发现，这个过程经历了复杂的物理或化学的变化，认定侵害行为和损害结果之间的因果关系非常困难，运用传统因果关系理论很难直接查明，因此需要另寻一套合适的认定原则。[1]

目前，许多国家在考量环境污染犯罪的因果关系时都采

---

〔1〕 参见侯艳芳：“我国环境污染犯罪中因果关系推定规则之适用研究”，载《青海社会科学》2011 年第 5 期。

用因果关系推定原则。如日本《公害罪法》第 5 条就对因果关系推定原则进行了规定[1]，加拿大《水防治法》也有类似规定。[2]所谓环境污染犯罪因果关系推定，是指在因果关系认定过程中，无法直接证明污染行为与环境损害结果之间存在因果关系，但通过情节证据能够认定污染行为排放的污染物质必然导致环境污染，污染环境行为主体如果不能证明环境损害结果非由其污染行为所致，或者无法提出其他免责条件，便认定污染行为与环境损害结果之间存在因果关系。日本新泻地方裁判所在审理日本四大公害案件之一的水俣病案件时首先运用了这一因果关系认定规则。新泻地方裁判所认为无须从自然角度的发生机理证明有机汞是如何混到废液中去的，又是如何污染到了鱼类并最终危害到了人类的健康，只需根据情节证据推定被告昭和电器公司是污染源，昭和电器公司拿不出推翻证据推翻这种因果关系推定，就可在事实上推定昭和电器公司就是污染源，其污染行为与损害结果存在法律上的因果关系，再结合其他的相关事由，认定

---

　　[1]　日本《公害罪法》第5条规定："在某工厂或事业场所，在其事业活动中排放有害人体健康的物质，且其单独排放量已达到使公众的生命或健康受到危害之程度的情况下，若在排放此物质的地域内，公众的健康或生命早已由此物质而受到损害和威胁，则便可推定，此种危害纯系该排放者所排放的此种有害物质所致。"参见［日］藤木英雄：《公害犯罪》，丛选功等译，中国政法大学出版社1992年版，第18页，转引自王明远、赵明："环境刑法的立法模式探讨"，载《中国环境法治》2009年第6期。
　　[2]　"加拿大水防治法、北极地区水防治法及安大略湖水资源法均规定，被告如果不能举出反证，就分析证明书或报告书上陈述的事实，推定构成事实成立。"参见张霞："环境刑法中的因果关系推定原则探讨"，载《山东警察学院学报》2008年第4期。

昭和电器公司应承担相应的民事和刑事责任。[1]由此可见，因果关系推定可以有效解决环境污染犯罪损害结果的复杂性和滞后性导致的因果关系证明难问题，使污染环境行为主体受到应有的处罚，发挥刑法对环境利益的最后屏障功能。

　　我国《刑法》没有明文规定因果关系推定，但在司法实践中，对某些环境违法和环境犯罪行为追究责任时，通常会采用因果关系推定。基于环境污染犯罪因果关系的认定难和罪刑法定原则的基本要求，我国刑法应该借鉴其他国家的相关规定，在认定环境污染犯罪因果关系时采用推定原则。

　　因果关系推定可以有效解决环境污染犯罪的认定难问题，但由于因果关系只是在没有直接证据证明因果关系时的一种高盖然性的推论，为了维护法律的公平，防止这种推定被滥用，应该对其加以限制。首先，因果关系推定的应用范围应该仅限于环境污染犯罪。环境破坏犯罪通过普通的证明原则足以证明环境破坏行为和环境损害结果之间的关系，不能开因果关系推定的"方便之门"，以免造成推定的错误，侵害行为主体的合法权益。其次，环境污染行为和环境损害结果之间必须存在高度的盖然性。环境污染犯罪的因果关系可能难以用医学或药理学的相关原理直接证明，但可以运用科学的统计数据证明其存在高度盖然性，再配合其他客观条件，以此证明因果关系的存在。再次，允许环境污染主体推翻推定得来的因果关系。因果关系推定减轻了原告的举证责

---

　　[1]　参见吴献萍:《环境犯罪与环境刑法》，知识产权出版社 2010 年版，第 47 页。

任，有利于自己权利的保护，本着公平公正的原则应该赋予环境污染行为主体维护权利的机会。行为主体可以提出抗辩事由证明因果关系不存在，这些抗辩事由通常包括，没有排放侵害环境的有害物质；即使排放了有害物质，但该有害物质不可能导致环境的损害；或者行为主体所在区域还存在其他的污染渠道，环境损害是多种污染物质共同作用的结果等。但如果抗辩事由不成立，则推定因果关系成立。最后有一点需要说明的，推定只是针对环境污染行为和环境损害结果的推定，只属于犯罪构成客观方面的内容，而不是行为主体的有罪推定，行为主体是否有罪，还需综合考量其他相关构成要件。[1]

第三节　环境犯罪主观方面重构

"人的行为是主观见之于客观的东西，犯罪行为则是犯罪主观方面的客观外化。"[2]但由于环境犯罪损害结果的滞后性，很难考察行为人实施环境侵害行为时的主观状态。按照过错责任原则，行为人主观上必须具有故意或者过失方能构成犯罪，而在环境犯罪罪过形式难以考察的情况下，很难追究行为人的刑事责任，这与环境犯罪严重的社会危害性相背离，有违法律的公平原则。因此，应适用严格责任规制环

---

〔1〕　参见赵秉志："环境犯罪刑法立法完善研究"，载《中国环境法治》2008 年第 6 期。

〔2〕　于阜民："犯罪学的犯罪范畴"，载《犯罪学论丛》2004 年卷。

境犯罪，严格责任不同于绝对责任，并不违背主客观相统一原则，也不违背无罪推定原则，有其适用的合理性。

一、严格责任的界定

严格责任原则发端于英美法系，但它并不是自古就有的，严格责任起初在民法的侵权案件中使用，后来突破了民事追责范畴，英美法系刑法出于保护公共利益的需要，将其确立为一项归责原则。19 世纪末 20 世纪初，随着工业革命的推进和科技的发展，人们改造自然的能力越来越强，伴随而来的是危害公共利益和人类健康的犯罪逐渐增多。这些犯罪一般具有高度的专业性和复杂性，行为人的主观罪过难以确定，英美法系国家基于维护公共利益的需要和节约诉讼成本的考虑，突破"无罪过即无犯罪"原则，引进了严格责任原则。但英美法系国家刑事法律中并没有关于严格责任的规范界定，其真正含义主要通过相关判例进行归纳。有英美学者认为，在适用严格责任的犯罪中，被告虽然没有过错却要承担刑事责任。[1]有的学者则指出，严格责任中某个或某些行为要件不要求有罪过，但并不代表其他行为要件也不要求罪过。[2]而在我国，对严格责任的认识也是不一而足，

---

〔1〕 苏敏华先生指出："只要有证据证明被告人实施了法律所明文禁止的行为就可以定罪，被告举证证明已实施最大的预防来防止行为的发生不构成辩护理由。"参见苏敏华："英美刑法严格责任考察"，载《犯罪研究》2004 年第 6 期。

〔2〕 苏敏华先生指出："某些对于特定行为的一个或多个行为要件不要求故意、轻率、甚至疏忽的犯罪被称为严格责任犯罪，或者有时被称为'绝对禁止之罪'。"参见苏敏华："英美刑法严格责任考察"，载《犯罪研究》2004 年第 6 期。

存在多种观点。如有的学者认为，在一些特殊侵害行为中，主观上没有罪过和罪过不明确的情况下，都可以适用严格责任。[1]有的学者认为，只有在主观罪过不明确的情形下才可以适用严格责任，因此并不与"无罪过即无犯罪"相对立。[2]有的学者指出，严格责任是相对意义上的严格责任，[3]该观点认为，严格责任并不是不考察行为人的主观罪过，只是免除了起诉方对被告主观罪过的证明责任。可见，严格责任在历史演变过程中，学者们赋予了其不同的含义。笔者比较赞成相对意义上的严格责任概念的界定，严格责任是在坚持罪过定罪的前提下，对被告人实行过错推定，并没有脱离过错责任，属于过错责任的一部分。

严格责任跟无过错责任或绝对责任有着本质的区别。无过错责任或绝对责任是指，只要行为人实施了法律规定的危害行为，不论其主观上有无罪过，都构成犯罪。可见，绝对责任只考察客观危害结果，而不考察行为人主观上是否有故意或者过失，即使行为人主观上没有罪过，也构成犯罪，因

---

[1] 张文先生指出："刑法中的严格责任，是指对于缺乏主观罪过或主观罪过不明确的特殊侵害行为追究刑事责任的刑法制度。"参见张文等：《刑事责任要义》，北京大学出版社1997年版，第91页。

[2] 李文燕、邓子滨指出："刑法中的严格责任，是指在行为人主观罪过具体形式不明确时，仍然对其危害社会并触犯刑律的行为追究刑事责任的制度。"参见李文燕、邓子滨："论我国刑法中的严格责任"，载《中国法学》1999年第5期。

[3] 刘仁文先生指出："不要求起诉方证明犯罪嫌疑人的主观过错，但允许被告人在审判中提出无过错辩护，若不能证明自己主观上无过错，则法院可以凭起诉方指控的事实对被告定罪量刑。"参见刘仁文："刑法中的严格责任研究"，载《比较法研究》2001年第1期。

此绝对责任是一种客观归罪。[1]因此，绝对责任是"绝对"不受行为人主观罪过限制的责任。而严格责任要求行为人主观上必须有过错，或者故意或者过失，主观心态决定了行为人的责任，无过错不构成犯罪，符合主客观相统一的基本原则。再者，严格责任和绝对责任在是否存在抗辩事由上有所不同。严格责任虽然不要求起诉方证明行为人有过错，但允许行为人进行抗辩，行为人如果能够证明自己并无罪过或者已经尽了谨慎义务等事由，无须承担刑事责任。而绝对责任中，不但起诉方不需证明行为人有罪过，行为人也不许提出抗辩事由，只要起诉方对行为及违法性进行证明就可以对行为人定罪。因此，从某种意义上说，绝对责任是不受限制的严格责任，而严格责任是相对意义上的绝对责任，二者的区别就在于"严格程度"的不同，具体来说就是对主观过错和抗辩事由的要求不同，这决定了二者对定罪的本质影响，绝对责任是客观归罪，严格责任是主客观相结合归罪。

由于严格责任实行的是过错推定，并不是完全意义上的过错责任，因此严格责任也存在着一定的弊端，在行为人既无主观过错，又提不出有利的抗辩事由时，有可能造成错判，使无辜者承担刑事责任，有违罪责刑相适用的刑法基本原则，有违社会公平。但总体来说，严格责任以公共利益为出发

---

[1]　美国《食品法》中规定，出售腐败变质有害健康的食品，不管出售者是否知道这种情况均为犯罪。参见储槐植：《美国刑法》，北京大学出版社1987年版，第84页，转引自李卫红、单天水："论严格责任的严格程度"，载《法学评论》2005年第5期。

点，促使行为人在行为活动中强化注意义务，最大限度地维护多数人的整体利益，从这个意义上来说有其适用的价值。

二、适用严格责任的必要性和可行性

环境犯罪是严重污染和破坏环境的行为，其对环境造成的损害巨大，危害结果往往难以在短时间内消除，从而威胁到人们的生命健康和财产权利。在我国目前的环境损害案件中，如果难以证明环境行为人主观上存在故意或者过失，则无法对其定罪量刑，使得很多环境侵害行为逃脱了刑事法律的制裁，无法起到环境刑法的威慑和预防作用。从保护人类的环境利益考虑，应该根据环境犯罪的自身属性，寻找一套科学合理的规制手段。在主观方面，严格责任可以使环境行为人处于一种不利的诉讼地位，如若不能证明自己主观上没有过错或存在其他抗辩事由，便要承担损害环境的刑事责任。再者，由于复杂的技术因素，导致一些环境污染案件具有非常强的专业性，环境污染行为往往具有很强的隐蔽性，普通人很难对其作出判断，只有等到造成了严重的环境损害结果，才能被人们识别。而损害结果的出现并非一朝一夕之功，往往需要几年甚至几十年，此时再去考察行为人的主观罪过，有强人所难之嫌，但如若证明不了只能放纵环境犯罪。环境犯罪既容易因隐蔽性而造成环境利益的严重损害，又容易因主观罪过的证明困难而逃脱刑事的惩罚，因此有必要引进严格责任破除这一有违法律公平的难题。

下面分析一下环境犯罪适用严格责任的可行性。首先，从严格责任的起源来看，英美刑法中的严格责任犯罪主要针对的是危害公共利益和侵犯未成年人利益的犯罪。[1]随着科学技术的进步和社会经济的发展，属于公共利益范畴的环境利益受到了越来越多的侵害，英美法系国家纷纷将严格责任纳入侵害环境利益的环境犯罪中，体现了对关系人们生命健康和财产安全的环境利益的"额外"保护。其次，严格责任并不违背过错责任。我国刑法以主客观相统一为定罪的基本原则，其中在主观上要求行为人须存在故意或过失，无罪过不构成犯罪，严格责任与这一基本原则并不相矛盾。只不过严格责任实际上是一种过错推定，根据法律规定推定行为人主观上存在过错，从而免除了起诉方证明行为人存在过错的义务，需要行为人自辩不存在过错。因此，严格责任是以行为人存在过错为前提的，如若行为人能够证明没有过错，严格责任就没有适用的余地。再者，严格责任并不违背犯罪构成理论。在适用刑法时，必须符合犯罪构成的四大要件，环境犯罪适用严格责任定罪也是如此，四大要件缺一不可，行为人如果能证明不存在故意或过失，即缺失主观要件，环境犯罪则不成立。除了要求行为人在主观上存在过错，还要符合其他要件，四要件齐全才能定罪。

三、环境犯罪适用严格责任的限制

严格责任实际上是一种推定的过错责任，在适用过错中

---

〔1〕　参见刘亚娜："论英美刑法中的严格责任犯罪及其对中国刑事诉讼证明制度的价值"，载《河北法学》2010年第7期。

容易出现偏差，存在客观归罪的风险，因此不易在环境犯罪中全面铺开，从而将其作为环境犯罪的唯一归责原则。因此，应该对严格责任的适用作出一定限制。

首先是适用犯罪类型的限制。严格责任的适用应该根据犯罪的社会危害性和罪过证明的难易程度进行区分，并不是所有的环境犯罪都具有严重的社会危害性，也并不是所有的环境犯罪的罪过证明都非常困难，只有同时兼具严重社会危害性和罪过证明困难的环境犯罪才适宜适用严格责任，在环境犯罪中非环境污染犯罪莫属。环境污染犯罪社会危害性最大，直接和人们的生命财产相联系，是离人们生活最近的环境犯罪类型，也是非常容易多发的环境犯罪类型，而且由于其复杂的发生机制和长期的隐蔽性，罪过证明非常困难。因此，污染环境犯罪应该适用严格责任，但应该仅限于此种犯罪，避免适用的扩大化。其次是保障行为人的抗辩权利。适用严格责任使环境侵害行为人处于不利的诉讼地位，为了公平起见，应该赋予其充分的抗辩权，抗辩事由应该包括已尽到合理注意义务、存在不可抗力、为了紧急避险、属于意外事件或者是由于第三人的过错所致等。同时，"应当合理降低被告的证明要求，不以一般案件中控方提供证据所达到的确实、充分的证明程度，而只需被告能够初步达到证明无罪过即可"。[1]

---

〔1〕 刘剑锋："论严格责任原则在污染环境犯罪中的适用"，载《法制博览》2014 年第 12 期。

CHAPTER6 第六章
环境犯罪处罚及追诉时效之完善

　　犯罪处罚属于刑法的基本范畴，是刑法不可缺少的重要内容，它既有遏制犯罪的功能，又有预防犯罪的功能。而犯罪处罚又分为刑罚处罚和非刑罚性处罚，刑罚处罚是行为人承担刑事责任的主要方式，非刑罚性处罚则是承担刑事责任的补充，但环境犯罪作为一种特殊的犯罪类型，非刑罚性处罚对其具有重要的意义。追诉时效是追究行为人刑事责任的有效期限，超过追诉时效就不能追究环境犯罪的刑事责任，因此对环境犯罪处罚的消灭具有决定作用。由于环境犯罪的特殊性，传统的处罚措施和追诉时效制度无法实现环境犯罪的有效规制，必须进行调整和完善。

第一节　环境犯罪刑罚的完善

　　刑法认可和保护的法益有很多种，既包括侵犯人身权利罪所涉及的人身利益、侵犯财产罪所涉及的财产利益，也包括环境犯罪所涉及的环境利益，环境利益跟人身利益、财产利益有着本质的区别，这就决定了环境犯罪不同于其他犯罪类型的刑罚手段。根据刑罚剥夺的内容，刑罚可以分为生命刑、自由刑、财产刑和资格刑，下面将就环境犯罪自由刑、财产刑和资格刑的完善进行阐述。

一、自由刑的完善

自由刑在刑罚体系中居于主要地位，是适用最多的一个刑种。目前《刑法》对环境犯罪的处罚大都为 5 年以下的有期徒刑，后果或情节特别严重的才是 10 年以上的有期徒刑，如第 338 条的污染环境罪规定的"严重污染环境的，处 3 年以下有期徒刑或者拘役"，"后果特别严重的，处 3 年以上 7 年以下有期徒刑"；第 339 条非法处置进口的固体废物罪规定的"违反国家规定，将境外的固体废物进境倾倒、堆放、处置的，处 5 年以下有期徒刑或者拘役"，"造成重大环境污染事故，致使公私财产遭受重大损失或者严重危害人体健康的，处 5 年以上 10 年以下有期徒刑"，"后果特别严重的，处 10 年以上有期徒刑"。现行《刑法》对环境犯罪的处罚力度属于轻缓型的，明显低于其他侵犯公共利益的犯罪，有些侵害公共利益犯罪的最高法定刑达到无期甚至是死刑。如第 125 条第 2 款非法制造、买卖、运输、储存危险物质罪规定的"非法制造、买卖、运输、储存毒害性、放射性、传染病病原体等物质，危害公共安全的，处 3 年以上 10 年以下有期徒刑；情节特别严重的，处 10 年以上有期徒刑、无期徒刑或者死刑"，而前述第 338 条的污染环境罪同样是涉及"放射性废物、含传染病病原体的废物、有毒物质"，而且是造成损害结果即严重污染环境的，最高法定刑为 7 年。环境犯罪的刑罚不但明显低于危害公共安全犯罪，还轻于有些财产型的犯罪。有些财产型犯罪的法定最高刑达到无期徒刑甚至死刑，如盗窃罪的最高法定刑为无期徒刑，贪污罪的最高法定刑为死刑。环境犯罪是侵犯人类赖以生存和发展的环境利益的犯罪形态，人身损害和财产损害只是环境损害可能造成的间接结果，其社会危害性至少要比财产型犯罪严重得多，现行刑罚的设置与这种危害性不匹配，有违罪责刑相适应的基本原则。法定刑的设置最终决定了司法审判中行为人可能受到的刑罚，如 2013 年 1 月，江苏省宿迁市人徐某、徐某某、程某某先后 12 次将强腐蚀性化工废水运至水塘或低洼处倾倒，总计约 96 吨。倾倒废水数量大、浓度高，严重污染了周边土壤。最终法院以污染环境罪分别判处 3 人有期徒刑 3 年零 6 个月、2 年、3 年。[1]刑法应该以环境利益的受侵害程度为依据，提高环境犯罪的法定最高刑，只有使行为人所受的刑罚与其对环境的损害程度相当，提高了行为人的犯罪成本，超过其因侵害环境而获得的利益，才能有效地遏制和预防环境犯罪。

　　虽然笔者主张提高环境犯罪的法定最高刑，但不主张设置生命刑即死刑。死刑是剥夺行为人生命的刑罚，跟自由刑不同，人身自由可以恢复，但生命一旦剥夺则无法回复。

---

　　〔1〕　参见徐日丹、贾阳："全面履行法律监督职能　严惩破坏生态环境犯罪——高检院发布 15 起生态环境领域犯罪典型案例"，载《检察日报》2014 年 6 月 13 日第 2 版。

"因为环境犯罪的多发是多种因素符合作用的结果，对于行为主体在追求经济利益的过程中所造成的环境危害，作为管理者的政府也有不可推卸的责任，对环境犯罪者施以死刑有失公正。"[1]再者，环境犯罪在罪过方面大多数以过失犯为主，即使有些是故意也是间接故意，其恶性程度相比较直接故意要小，所以也不应适用死刑。笔者不主张设置死刑，但主张在环境犯罪的刑罚体系中设置无期徒刑。环境犯罪是对环境利益的严重侵犯，有些环境犯罪波及范围广、损害后果严重，危及多数人的人身健康和财产，造成难以弥补的损失，因此根据罪责刑相适应的原则，可以在结果或情节加重中设置无期徒刑。无期徒刑在其他国家的环境犯罪刑罚中已有所体现，如日本在水污染犯罪中，法定刑就设置了无期徒刑。

提高自由刑的最高法定刑，并不是简单地追求重刑化，而是根据环境犯罪的危害，坚持罪责刑相适应原则的前提下，对环境犯罪的刑罚措施提出的合理修改，有利于发挥刑罚预防犯罪的功效，从而有利于环境利益的保护。

二、财产刑的改进

财产刑包括两种类型，一种为罚金刑，一种为没收财产。罚金刑是行为人向国家缴纳一定数额金钱的刑罚方法，没收财产是将行为人所有的财产的一部分或全部强制收归国有的刑罚方法，罚金和没收财产都主要适用于经济犯罪和以

---

[1] 吕欣：《环境刑法之立法反思与完善——以环境伦理为视角》，法律出版社 2011 年版，第 148 页。

14

贪利为目的的犯罪。环境犯罪属于贪利型犯罪，行为人之所以实施环境犯罪，并不是以损害环境为目的，其根本目的是为了获取收益或减少成本支出，因此在实施侵害环境行为之前，行为人会核算犯罪成本和犯罪收益，当犯罪收益明显高于犯罪成本时，行为人就会铤而走险实施侵害环境的行为。因此，财产刑的适用，对于行为前核算利益得失的环境犯罪，以财产惩罚增加其犯罪成本，正是对症下药。

作为财产刑的一种，罚金刑是一种比自由刑和生命刑更轻缓的刑罚措施，对主观恶性较小的环境犯罪比较适用，因此从经济上制裁环境犯罪效果更加明显。另外，罚金刑的适用比较经济，相比较自由刑其不需要监狱，从而更加节约社会成本。[1]现行《刑法》在第六章第六节的破坏环境资源保护罪中，每个罪名都有处以罚金的规定，可见罚金刑在现行《刑法》的环境犯罪中得到了广泛的应用。但罚金刑的规定还存在一些问题，需进一步完善。首先是应扩大单处罚金的适用范围。目前在《刑法》的第六章第六节中，只有非法捕捞水产品罪和非法狩猎罪可以单处罚金，污染环境罪、擅自进口固体废物罪等12个罪名为"并处罚金"，还有一个妨害动植物防疫、检疫罪为"并处或者单处罚金"。罚金的适用对于一些主观恶性、社会危害性较小的环境犯罪

---

[1]　理查德·A. 波斯纳先生指出："我们应该鼓励适用罚金而不是徒刑。原因不仅是因为徒刑不为国家创造收入，而罚金创造了收入，还在于徒刑的社会成本要高于有偿付能力的被告处征收罚金的社会成本。"参见理查德·A. 波斯纳：《法律的经济分析》，蒋兆康等译，中国大百科全书出版社1997年版，第297~298页。

有着非常明显的效果，因此应该扩大单处罚金的适用范围，对一些过失犯、初犯、偶犯、中止犯等危害较小的环境犯罪都可以单处罚金，如此既达到了对环境犯罪的处罚效果，又节约了社会成本。特别是过失环境犯罪，由于主观恶性不大，再犯的可能性也比较小，如果对其适用自由刑，显得过于严厉，对行为人的自我改造也极为不利。其次是实行限额罚金制。现行刑法关于环境犯罪实行的是无限额罚金制，即刑法没有规定数额限制，由法官根据具体的案情决定罚金的数额。无限额罚金制赋予了法官较大的自由裁量权，法官根据具体环境犯罪的主观恶性和社会危害性做出判断，易受法官主观认识的左右，同一个案件，不同的法官主观认识不同，可能会给出不同的罚金处罚，导致司法适用的不统一，有违罪责刑相适应的原则和公正原则。而限额罚金制由法律规定一个上限和下限，再由法官在此范围内给出具体数额。限额罚金制不仅限定的是罚金的数额，还限定了法官的自由裁量权，有利于保障司法公正，并给予行为人以具体的约束，其在实施环境侵害前可以具体核算犯罪成本，从而有利于预防环境犯罪。

同样属于财产刑的没收财产刑，由于比罚金更为严厉，因此适用于情节较严重的犯罪，适用面比罚金刑窄。在《刑法》第六章第六节中，只有非法猎捕、杀害珍贵、濒危野生动物罪和非法收购、运输、出售珍贵、濒危野生动物、珍贵、濒危野生动物制品罪情节特别严重的，可以并处没收财产。应该适当扩张没收财产刑的适用范围，对于造成环境严重污染的可以并处没收财产，以跟这些犯罪的社会危害性相适应，如污染环境犯罪、非法处置进口的固体废物罪和擅自进口固体废物罪，其中情节严重的，对环境造成的污染特别严重，根本没有恢复的可能，没收财产既体现了刑法对此类环境犯罪的处罚，又具有警示意义，有利于预防犯罪的发生。

三、资格刑的增加

"资格刑是剥夺行为人享有或行使一定权利的资格的刑罚"[1]，体现了刑罚的报应主义和预防主义相结合的价值理念。相比较生命刑、自由刑、资格刑的普遍适用性，我国刑法资格刑的适用就没有那么普遍，现行《刑法》中只有两种资格刑，分别为剥夺政治权利和驱逐出境，适用的对象都是自然人，驱逐出境是针对外国人犯罪的，因此适用我国公民的资格刑就只有剥夺政治权利一种了。由于资格刑是剥夺行为人享有或行使一定权利的资格，因此适用资格刑可以预防特定身份或职业的行为人再犯罪，具体到环境犯罪来说，环境侵害行为人大都是涉及环境要素的特定职业的人，对其实行资格刑有利于防止其再次侵害环境。同时，环境犯罪以单位犯罪居多，资格刑的适用有利于限制单位继续从事侵害环境的行为。因此，有必要在环境犯罪中设置相关的资格刑，剥夺行为人继续从事跟环境有关活动的资格，从源头

---

〔1〕　贺文静："环境刑法资格刑研究"，载《法制与社会》2010 年第 9 期。

上预防环境侵害行为的发生。

现行刑罚规定的两种资格刑剥夺政治权利和驱逐出境都不适合应用于环境犯罪，应该设置跟环境犯罪特点相匹配的资格刑。一是设置禁止从事一定职业的资格刑。禁止某些环境犯罪的行为人在一定期限内或永久性地从事一定职业，可以限制行为人继续利用职业的便利侵害环境。例如对非法捕捞水产品罪，可以禁止行为人从事水产捕捞的职业，对破坏性采矿罪，可以禁止行为从事采矿的职业。禁止行为人从事一定职业，给行为人施加了新的犯罪成本，是其在实行环境侵害行为时，必须在获取利益和丢失工作之间做出权衡，从而给其心理上造成压力，有利于预防环境损害行为的发生。二是设置限制营业的资格刑。这是针对实施环境犯罪的单位而言的，禁止其在一定时间内进行营业活动，这跟对自然人施加的禁止从事一定职业的资格刑类似，剥夺了其从事一定职业活动的权利，业务活动不能开展也就无法再损害环境，还有利于其接受教训进行反思。三是设置注销资格的资格刑。这也是针对实施环境犯罪的单位而言的，注销其营业资格，永久剥夺了其从事生产经营活动的资格，是比限制营业更严厉的处罚，类似于自由刑中的死刑，是最严厉的资格刑。对单位而言，限制营业和注销资格的刑罚设置，会使其在从事跟环境有关的活动时有所顾忌，能够仔细考量行为的后果，对预防环境犯罪起到良好效果，因为生产经营是单位生存的命脉，限制其营业或注销资格远比罚金刑有着更强的惩治效果。在具体适用时，环境犯罪资格刑仍属于附加刑，既可以单独适用也可以附加适用。这三种资格刑的设置可能会与行政处罚的方式雷同，但将它们纳入刑罚的范畴，在性质上更为严厉，在实施上更有威慑力，有助于达到良好的法律效果。

第二节　环境犯罪非刑罚性处罚的构建

非刑罚性处罚措施，是在特定情况下由法院对行为人进行刑罚方法之外的处罚的总称。"非刑罚性处罚措施虽然不是刑罚措施，不具有刑罚处罚所产生的法律后果，但是其与刑罚方法一样，也是犯罪人承担刑事责任的一种方式。"[1]环境犯罪的特殊性决定了单一的刑法方式无法适用环境保护和恢复的需要，因此有必要构建环境犯罪的非刑罚处罚体系。

一、非刑罚措施适用的依据

刑罚措施是世界各国应对环境犯罪的主要手段，但刑罚手段不是万能的，有其适用的局限性。特别是对环境犯罪来说，由于其是对环境的侵害，因此不仅要对行为人达到处罚的目的，还要考虑环境的保护和恢复，因此非刑罚措施有其适用的合理性。

非刑罚措施有利于弥补刑罚处罚的不足。非刑罚化是刑

---

〔1〕　于阜民：《刑法学》，科学出版社 2013 年版，第 175 页。

法谦抑原则的直接体现，相比较刑罚化手段，其更轻缓化、更经济实用。由于犯罪的发生既有行为人主观的原因，又有社会的客观原因，犯罪原因的这种复杂性决定了不可能单纯适用刑罚手段就可以遏制犯罪，而是应该针对具体的犯罪采用多元化的处罚手段。刑罚措施主要是以限制或剥夺行为人的人身为主要手段，再辅助罚金和没收财产等财产手段，每一种刑罚手段的实施都意味着行为人的人身或财产遭受重大的不利益。因此，刑罚手段的实施带有先天的局限性，有可能会使犯罪行为人变得更残酷。另外，从法经济学的角度分析，任何资源都不是无限制使用的，国家的司法资源也不例外，国家对犯罪行为人进行审判、判处刑罚、执行刑罚，必须投入大量的人力与物力。在惩罚环境犯罪中，刑罚手段的局限性表现得更为明显。环境犯罪尤其是污染环境罪多为单位犯罪，自然人犯罪只占少数，而对于单位犯罪仅能适用财产刑和前面主张的资格刑，资格刑对单位进行营业的限制，能够约束其继续从事环境损害行为，但资格刑并不是适合所有的单位犯罪，只能针对具体案情选择适用。而财产刑有花钱买刑、花钱赎罪的嫌疑，并且由于单位经济能力的差异，使得财产刑的适用会产生不同的法律效果，可能出现同罪异罚的不公正处断。再者，对于一些主观恶性较小、危害并不严重的环境犯罪，实行短期自由刑可能使行为人自暴自弃，不利于行为人的反省改造。"环境刑事责任的实现不应该是消极地追究环境犯罪行为人的刑事法律责任，而是应该通过环境犯罪刑事责任的实现方式来积极地寻求各种保护生态环境的方法。"[1]刑罚手段适用的有限性和不经济性暴露其在规制环境犯罪方面的不足。因此，应该在坚持罪责刑相适应的前提下，以刑罚手段为主体，辅以非刑罚手段，二者灵活搭配使用，以达到惩罚环境犯罪的最佳效果。

非刑罚措施有利于环境的恢复。环境犯罪是对人类赖以生存和发展的环境的侵害，对人身和财产的侵害只是环境犯罪的间接结果，因此环境的保护和恢复是环境刑法的根本目的。刑罚措施无论是自由刑、财产刑还是罚金刑，只能遏制犯罪行为继续侵害环境，从而客观上起到对环境的保护作用，无法及时有效地对环境进行恢复。[2]从每个具体环境侵害的案子着手，注重环境损害的恢复，有助于环境的整体保护。对环境侵害行为人施以非刑罚措施，让其负责环境的恢复，符合"谁污染谁治理"的环境保护的基本原则。另外，行为人是环境侵害行为的实施者，对实施侵害行为时所使用的手段、工具等较其他人更为熟悉，尤其是有些环境侵害行为有着比较高的技术含量，其他人很难弄清楚环境损害的真正原因，因此，非刑罚措施的适用，有利于发挥行为人对环境损害的熟悉优势，查清环境损害的原因和原理，从而为环境的恢复找到合理有效的解决办法，也有利于行为人亲身体验破坏环境容易、恢复环境难，通过此种方式让其改过自新，不再从事侵害环境的行为。总之，非刑罚措施致力于

---

〔1〕　蔡守秋：《环境资源法教程》，武汉大学出版社2000年版，第570页。

〔2〕　吴献萍先生指出："我国每年因环境污染和生态破坏造成的经济损失超过千亿元，这样巨大的损失都由国家来补救，造成国家过于沉重的负担。"参见吴献萍："环境犯罪非刑罚化的证成与价值"，载《求索》2011年第10期。

修补人与自然的和谐关系，是真正能对环境起到恢复作用的惩罚方式。

非刑罚措施有利于实现环境犯罪处罚的个别化。环境刑法的目的重在预防环境犯罪的发生和环境的恢复，处罚的个别化为预防环境犯罪和恢复环境提供了一种新的思路，法官根据环境侵害行为人内在品性考察其犯罪动机和行为，确定其社会危险性，从而对行为人的刑事处罚进行综合考虑，有助于突破一般处罚的局限性，实现预防犯罪和恢复环境的目的。刑罚手段处罚方式比较单一，非刑罚措施的引入，跟刑罚手段有机结合起来，为环境犯罪的刑事处罚提供了多样化的手段，更加有利于处罚个别化的实现。

二、非刑罚措施的具体类型

《刑法》第 37 条规定了非刑罚处罚措施[1]，主要包括训诫、赔礼道歉、赔偿损失等，这些非刑罚措施并不符合环境犯罪的特点以及环境保护的需要，因此应该对其进行补充完善，构建完整的环境犯罪非刑罚手段。

（一）限期治理

限期治理是责令环境侵害行为人在一定期限内治理好所污染或破坏的环境。限期治理适用于可以修复的环境损害，法院责令行为人采取积极行动，消除环境侵害的影响，把环

---

〔1〕《刑法》第 37 条规定，对于犯罪情节轻微不需要判处刑罚的，可以免除刑事处罚，但可以根据案件的不同情况，给予训诫、责令具结悔过、赔礼道歉、赔偿损失或者主管部门予以行政处罚或者行政处分等非刑罚处罚。

境尽量恢复到原有水平，真正体现了刑法对环境利益的保护。限期治理适用于较轻的环境犯罪，一般为法定刑3年以下的环境犯罪。限期治理既可单独适用，也可附加适用，需要根据环境犯罪的社会危害性进行裁量。同时，限期治理既适用于自然人环境犯罪，又适用于单位环境犯罪，对单位的环境污染犯罪尤其适用。

　　限期治理的非刑罚措施近年在司法实践中也有先例。"2002年12月，湖南临武县法院对滥伐林木的犯罪人王双英依法作出判决，判其有期徒刑3年缓刑4年，在缓刑期内要植树3024株，成活率要求在98%以上；2008年2月，贵州省清镇市人民法院审理被告人张玉林盗伐林木案，以盗伐林木罪判处被告人张玉林有期徒刑1年6个月，并处罚金1000元，并于判决生效后90日内在案发地补种树苗40株。"[1]责令行为人补种树木，既体现了法律对他们的责罚，又弥补了因滥伐、盗伐林木对环境造成的破坏。但司法实践中的案例都是以对林木的损害为前提，以限期种树为补救措施，应该扩大限期治理的适用范围，如在污染环境犯罪、非法处置进口的固体废物罪中都可以适用，责令行为人治理对环境造成的污染。在将来《刑法》修订时，应当将限期治理作为一种法定的非刑罚性处罚措施规定下来，以给予法官根据案情选择的余地。在美国就有不少这样的案例，如"在卡迪尼尔案中，被告同意接受1年有条件的缓刑，

---

　　〔1〕　吴献萍：《环境犯罪与环境刑法》，知识产权出版社2010年版，第84～85页。

在缓刑期间，负责把由于该公司倾倒的4.5万加仑磷酸而被毁坏的沼池恢复成原样"。[1]

限期治理并不适合所有的环境犯罪，很多环境要素遭受破坏后是无法恢复的，如《刑法》第341条非法猎捕、杀害珍贵、濒危野生动物罪，对野生动物的杀害不能使其起死回生；第343条非法采矿罪和破坏性采矿罪，对矿山的破坏也无法恢复到原状。对于这些犯罪就无法适用限期治理，而是应该采取其他的处罚措施。

（二）社区劳动

社区劳动是由法官判决行为人到社区进行无偿劳动的非监禁处罚措施，目的是通过无偿劳动让行为人接受教育和改造。社区服务是对监禁的一种补充适用，对于严重犯罪通常适用监禁的处罚，但对于轻微犯罪，监禁处罚不但浪费国家司法成本，又可能加重行为人的负罪感，不利于其自我改造重新走上社会，而社区劳动既能实现对行为人的惩罚目的，又能实现教育改造的目的。英国是最早设置社区劳动处罚措施的国家，其在1973年的《刑事司法法》中规定了社区劳动的刑事处罚措施。目前，社区服务劳动已经在很多国家和地区使用，目前在我国的司法实践中也有适用，但主要是针对情节轻微的未成年人犯罪。对于主观恶性较小、危害较小的环境犯罪，可以考虑适用社区劳动的处罚措施，让行为人从事跟环境保护和环境恢复有关的社区劳动，既可以让其感

---

〔1〕 柳文彬："环境犯罪刑事抗制论"，载《政法论丛》1996年第4期。

知保护环境的不易，深刻反省改造，又可以实现环境保护的目的。

第三节　环境犯罪追诉时效制度的完善

环境污染犯罪具有区别其他犯罪类型的特点，其损害结果往往具有迟滞性，现行刑法规定的追诉时效期限过短，不利于追究环境污染犯罪的刑事责任，应该根据环境污染犯罪的特点进行延长。

一、现行刑法追诉时效制度的缺陷

我国《刑法》第 87 条规定了追诉时效的期限[1]，从《刑法》规定来看，追诉时效有 4 种，即 5 年、10 年、15 年和 20 年，确定的标准是具体犯罪行为所对应的最高法定刑。《刑法》第 89 条规定了追诉期限的计算方法，追诉期限的计算方法有三种情况：一般情况下，追诉期限从犯罪之日起计算，犯罪之日是指犯罪行为之日，而不是犯罪既遂之日；连续犯或者继续犯，从犯罪行为终了之日起计算；在追诉期限以内又犯罪的，前罪追诉的期限从犯后罪之日起计算。环

---

[1]《刑法》第 87 条规定："犯罪经过下列期限不再追诉：（一）法定最高刑为不满 5 年有期徒刑的，经过 5 年；（二）法定最高刑为 5 年以上不满 10 年的，经过 10 年；（三）法定最高刑为 10 年以上有期徒刑的，经过 15 年；（四）法定最高刑为无期徒刑、死刑的，经过 20 年，如果 20 年以后认为必须追诉的，须报请最高人民检察院核准。"

境犯罪分为环境污染犯罪和环境破坏犯罪，环境污染犯罪主要包括《刑法》第338条的污染环境罪、第339条的非法处置进口的固体废物罪和擅自进口固体废物罪，环境破坏犯罪主要包括《刑法》第343条的非法采矿罪和破坏性采矿罪、第345条的盗伐林木罪和滥伐林木罪等等。对于环境破坏犯罪，如破坏性采矿罪，其对环境的损害立马会显现出来，不需要经过长时间的确认；而对于环境污染犯罪，特别是污染环境罪，虽然主张设置危险犯以便法律能尽早地介入对其规制，但很多污染环境罪暗地实施后并不能被及早发现，而其对环境的损害结果往往又不能及时显现，在经过环境介质复杂的化学反应后，可能已经过去了几年、十几年甚至更长的时间。由于现行刑法的追诉时效是根据犯罪的法定最高刑计算的，污染环境罪的法定刑分两档，一档是3年以下有期徒刑或者拘役，一档是3年以上7年以下有期徒刑，即使以最高的7年有期徒刑为依据，按照"法定最高刑为5年以上不满10年的，经过10年"[1]的标准，经过10年就无法追究污染环境罪的刑事责任了。即使按照建议的环境犯罪应设置无期徒刑，"法定最高刑为无期徒刑、死刑的，经过20年"[2]便不再追诉。无论是根据现行《刑法》的法定最高刑推算的10年追诉时效，还是按照建议的法定最高刑推算的20年追诉时效，都无法适应污染环境犯罪损害结果滞后性的特点。

---

[1]《刑法》第87条。
[2]《刑法》第87条。

环境犯罪不但具有损害结果滞后性的特点，还具有多是单位犯罪的特点。根据现行《刑法》，追诉时效的计算是根据自由刑和生命刑来计算的，自由刑的长短再加上生命刑决定了追诉时效的长短。而现行《刑法》对单位的处罚只有财产刑，即使主张对单位犯罪增加资格刑，但无论是财产刑还是资格刑都无法融入以自由刑和生命刑为追诉时效计算标准的评价体系中，因此如果出现单位环境犯罪，如何计算追诉时效就成了一个问题，而环境犯罪中单位犯罪居多，因此这又是一个大问题，需要刑事法律规范予以调整。

二、环境犯罪追诉时效制度的完善

首先是对污染环境犯罪追诉时效的延长。现行《刑法》规定的最长追诉时效为 20 年，虽然立法者考虑到会有例外情况，在《刑法》第 87 条规定了补充条款，即如果 20 年以后认为必须追诉的，须报请最高人民检察院核准，但环境污染犯罪损害结果迟滞具有普遍性，若每个案件都申请将增加司法负担。针对例外情况的规定，在面对需要普遍适用时，就表现出了法律规定的缺陷，需要进一步完善以适应实践的要求。由于环境污染犯罪的损害结果往往需要很长时间才能显现出来，如果适用《刑法》第 87 条的追诉时效的计算方法，不利于环境污染犯罪刑事责任的追究。《刑法》应当根据环境污染犯罪结果迟滞的特点，规定特殊的追诉时效。有的学者建议对所有的环境犯罪适用特殊追诉时效，"对一般性质的破坏类环境犯罪的追诉时效期限为 10 年；对特殊性质的破坏类环境犯罪和一般性质的污染类环境犯罪的追诉时效期限为 20 年"。[1]该观点虽然认识到了环境犯罪的特殊性，但进行全面修改有些不妥，因为对于破坏类环境犯罪而言，其损害结果具有即现性，依照现行《刑法》的追诉时效制度就可以解决，不合理延长反而是对环境侵害行为人权利的侵犯。笔者辩证地吸纳该观点，即对环境污染犯罪的追诉时效设定为 20 年，对于破坏类环境犯罪依据现行刑法的规定追诉就可以，而对于特殊的重大环境污染案件，如果已经超过 20 年又必须追诉的，则依据《刑法》第 87 条的补充条款，报请最高人民检察院核准。这样，既对污染环境犯罪的一般情况延长了追诉时效，又有特殊情况的特殊处理，保证了污染环境犯罪能够依法追究刑事责任。

其次是对单位环境犯罪追诉时效的完善。单位环境犯罪追诉时效的完善，不仅仅涉及环境犯罪的追诉，还涉及其他类型的单位犯罪的追诉。有学者提出了两种方法，一种是"直接在刑法中确定一个明确的追诉期限"，一种是"将单位犯罪的追诉时效与其负直接责任的主管人员和其他直接责任人员所犯之罪的追诉时效直接挂钩，单位犯罪的追诉时效根据其负直接责任的主管人员和其他直接责任人员所犯之罪的追诉时效予以确定"。[2]第一种方法在确定追诉期限的标准方面比较困难，并不可取。根据现行《刑法》的规定，

〔1〕 付立忠：《环境刑法学》，中国方正出版社 2001 年版，第 619 页。
〔2〕 陈丽天："论追诉时效在我国单位犯罪中的适用"，载《学术交流》2010 年第 10 期。

单位承担刑事责任的方式只有罚金一种，而法律只规定了罚金数额由犯罪情节确定，并没有像自由刑那样规定一个上限和下限，这就赋予了法官较大的裁量权，不同的法官对案情的认识不一样，对罚金数额的多少差别很大，同时罚金的多少还应考虑犯罪人的经济状况，这些不确定因素都会影响罚金的多少。因此，根据罚金的多少确定单位的追诉时效并不科学。第二种方法则具有合理性和可行性。我国现行《刑法》对单位犯罪的处罚采取的是"双罚制为主，单罚制为补充"。所谓双罚制，既对单位判处罚金，又对直接负责的主管人员或其他直接责任人员判处刑罚。所谓单罚制，是指对单位不判处罚金，只对直接负责的主管人员或其他直接责任人员判处刑罚。可见，不管是双罚制还是单罚制，都要处罚单位的直接负责的主管人员或其他直接责任人员。如果说双罚制要处罚单位，根据单位确定追诉时效还有一定的合理性，而在单罚制不处罚单位，如果根据单位来确定就不合理。而且在单位犯罪的情况下，对单位的处罚和对直接负责的主管人员或其他直接责任人员的处罚实际上是一个犯罪的两个方面，该犯罪的刑事责任虽然由两个主体承担，但却是不可分割的整体。单位犯罪的追诉时效应该根据直接负责的主管人员或其他直接责任人员的刑罚来确定。《刑法》可以在第87条增加一款："对单位犯罪的，按照其直接负责的主管人员和其他直接责任人员的法定最高刑确定追诉时效。"通过此条的修改，以单位犯罪居多的环境犯罪的追诉时效问题就迎刃而解了。

环境监管失职罪之立法完善

在我国，环境犯罪多发有很多原因，除了行为人追求利益最大化的内在原因外，还有就是环境监管不到位甚至纵容的外因。我国的环境犯罪多是单位犯罪，这里面不仅仅暗含了企业经济利益和环境利益的冲突，还暗含着政府官员政治利益、经济利益和环境利益的冲突，很多官员成了环境污染和环境破坏背后的放纵者，正是官员为了追求政绩或者跟企业有着不正当的经济利益关系，而放纵企业的环境侵害行为。

第一节　环境监管失职罪立法缺陷

随着环境问题的日益严峻，环境保护监管人员在环境保护中的失职犯罪日益成为焦点问题。环境监管失职罪规定在现行《刑法》的第九章第 408 条，无论是入罪门槛还是刑罚措施都不适应环境保护的迫切要求，造成跟其他环境犯罪的严重脱节。

一、入罪门槛过高

根据《刑法》第九章第 408 条的规定[1]，环境监管失职罪对应的环境问题是重大环境污染事故，而现实中污染环境罪的实施往往跟环境监管不力有很大关系，因此环境监管失职罪和污染环境罪在一定程度上有着密切的联系。在 2011 年《刑法修正案八》颁布之前，污染环境罪被称为重大环境污染事故罪，在犯罪结果上要求造成重大环境污染事故，致使财产损失或人身伤亡，而《刑法修正案八》对其进行了修改，对犯罪结果只要求"严重污染环境"。再反观环境监管失职罪，《刑法修正案八》并没有对其进行修改，对犯罪结果的认定依然要求造成财产损失和人身伤亡。一对密切联系的犯罪类型，在法益保护方面走出了两条不同的路线，污染环境罪的规定紧贴环境犯罪的本质，以环境利益为法益内容，污染环境的行为只要"严重污染环境"就可以启动刑法保护，不必等财产损失和人身伤亡结果的出现，而环境监管失职罪依然走的是传统法益即人身利益和财产利益的保护路线，只有重大污染事故导致了财产损失和人身伤亡，才能启动刑法保护。因此，现行环境监管失职罪的规定，不但没有体现对环境利益的有针对性的保护，而且提高了入罪门槛，不利于对环境监管人员的约束，直接的后果便

---

[1] 《刑法》第 408 条规定："负有环境保护监督管理职责的国家机关工作人员严重不负责任，导致发生重大环境污染事故，致使公私财产遭受重大损失或者造成人身伤亡的严重后果的，处 3 年以下有期徒刑或者拘役。"

是对污染行为的纵容，导致污染事故频发。

再者，法律规定的不协调，容易导致司法适用的不公平。例如，由于当地环境保护部门的监管失职，某企业在湖边非法排放、倾倒、处置危险废物 10 吨，[1]虽然没有人身伤亡和财产重大损失，但该企业仍因严重污染环境而犯污染环境罪。而对于当地环境保护部门而言，其监管失职跟污染事故的发生有着密切的因果关系，但却因没有造成人身伤亡和财产重大损失而不构成环境监管失职罪。同样的污染事故，直接实施者遭受了法律的处罚，背后的监管者却因为法律设置了更高的门槛而"合法"地逃避了刑事处罚，此类规定有保护权力部门利益的嫌疑，有违法律的公平正义。

二、刑罚设置不合理

根据《刑法》第 408 条的规定，犯环境监管失职罪的，"处 3 年以下有期徒刑或者拘役"[2]。环境监管失职罪不但侵害了国家机关正常的环境管理活动，还侵害了人类赖以生存的环境利益，即环境监管失职罪既有渎职罪的特点，又有环境犯罪的特点。根据刑法罪责刑相适用的原则，环境监管失职罪的刑罚与其犯罪性质和社会危害性明显不符。跟其他渎职罪相比，其他渎职罪的刑罚几乎都比环境监管失职罪严

---

〔1〕 按照 2013 年《最高人民法院、最高人民检察院关于办理环境污染刑事案件适用法律若干问题的解释》第 1 条第 2 款的规定，非法排放、倾倒、处置危险废物 3 吨以上，就可认定为"严重污染环境"。

〔2〕《刑法》第 408 条。

厉，如第 397 条滥用职权罪和玩忽职守罪，除规定了"3 年以下有期徒刑或者拘役"外，还规定了"情节特别严重的，处 3 年以上 7 年以下有期徒刑"，徇私舞弊的则更重，以 5 年为界，分 5 年以下和 5 年以上 10 年以下两档。另外还有 10 年以上的刑罚，如第 399 条第 1 款的徇私枉法罪，"情节特别严重的，处 10 年以上有期徒刑。"跟其他环境犯罪相比，第六章第六节的 15 个罪名，最低刑也是 3 年以下有期徒刑或者拘役，但一般都有 3 年以上的刑期用于处罚情节严重的犯罪，如第 338 条的污染环境罪，"严重污染环境的，处 3 年以下有期徒刑或者拘役，并处或者单处罚金"，"后果特别严重的，处 3 年以上 7 年以下有期徒刑，并处罚金。"跟渎职罪类似，环境犯罪也有以 5 年为界分两档的，还有 10 年以上的处罚，如第 341 条非法猎捕、杀害珍贵、濒危野生动物罪，"情节特别严重的，处 10 年以上有期徒刑，并处罚金或者没收财产"。纵观渎职罪和环境犯罪的刑罚设置，侵害国家机关正常的环境管理活动和环境利益两种法益的环境监管失职罪的刑罚却是最轻的，这与其社会危害性是不相符的，有违罪责刑相适用的原则，也体现出法律所保护的依旧是传统法益，没有给予环境利益以足够的重视和保护。

再者，刑罚法定刑不但设置过低，而且没有不同档次的划分。渎职罪各种罪名中一般都设有两档刑罚，如第 398 条的故意泄露国家秘密罪，一档是"情节严重的，处 3 年以下有期徒刑或者拘役"；一档是"情节特别严重的，处 3 年以上 7 年以下有期徒刑"。第 411 条的放纵走私罪也有两档刑罚，一档是"情节严重的，处 5 年以下有期徒刑或者拘役"；一档是"情节特别严重的，处 5 年以上有期徒刑"。环境犯罪一般也都设置了两档刑罚，如污染环境罪，一档是"严重污染环境的"[1]，"处 3 年以下有期徒刑或者拘役，并处或者单处罚金"[2]；一档是"后果特别严重的"[3]，"处 3 年以上 7 年以下有期徒刑，并处罚金"[4]。而作为幕后推手的环境监管失职罪却不加区分地设置了一档刑罚，在此规定的限制下，由于监管失职造成的后果不管有多严重，统一按 3 年以下有期徒刑或者拘役进行处罚，因此会出现不同罪而同罚的情形，有违罪责刑相适应的原则。

第二节　环境监管失职罪立法完善

立法的缺陷导致了司法实践的困境，往往造成侵害环境的行为人得到了刑法的惩罚，而环境侵害背后的纵容者或推

---

〔1〕 2013 年《最高人民法院、最高人民检察院关于办理环境污染刑事案件适用法律若干问题的解释》第 1 条规定了应该认定为"严重污染环境"的 14 种情形，其中包括在饮用水水源一级保护区、自然保护区核心区排放、倾倒、处置有放射性的废物、含传染病病原体的废物、有毒物质的；非法排放、倾倒、处置危险废物 3 吨以上的等情形。

〔2〕《刑法》第 338 条。

〔3〕 2013 年《最高人民法院、最高人民检察院关于办理环境污染刑事案件适用法律若干问题的解释》第 3 条规定了应该认定为"后果特别严重"的 11 种情形，其中包括致使县级以上城区集中式饮用水水源取水中断 12 个小时以上的等情形。

〔4〕《刑法》第 338 条。

手却逃脱了刑法的制裁，或者即使遭到制裁，受到的处罚也是跟他们的罪责不相适应的。因此，必须完善立法，以适应环境保护和惩罚犯罪的要求。

一、纳入独立成章后的环境犯罪

对于环境监管失职罪的归属，有学者建议应该把其留在第九章的渎职罪中，理由是："考虑到我国目前刑法典的立法体系，由于刑法典设立渎职罪专章，意在重点惩治国家工作人员的失职渎职行为；而且若将国家工作人员的环境渎职行为抽出来归入环境犯罪专章之中，那么其他领域部门的渎职行为，如工商部门、海关部门的渎职犯罪是否也要抽出来纳入相应的章节之中，就成为问题，从而可能引起刑法典体系新的不协调问题。"[1] 该观点从保持刑法典体系的完整性出发，有可取之处。环境监管失职罪表面是对国家机关正常的环境管理活动的侵害，实际上是通过侵害环境管理活动而侵害了整体的环境利益，在环境问题日益严重威胁人类生存的当下，本着保护环境利益的目的，应该将其与环境犯罪统一规制。再者，在司法实践中，很多污染环境罪的实施，正是监管失职所导致的，环境监管失职罪和污染环境罪的共同作用才侵犯了环境利益，宜将二者通盘考虑，避免出现对二者的入罪要求和刑罚设置差异巨大的情形。

综上，笔者主张将环境监管失职罪纳入独立成章后的环

---

[1]　赵秉志等：《环境犯罪及其立法完善研究——从比较法的角度》，北京师范大学出版社 2011 年版，第 136～137 页。

境犯罪。但由于现行规定的缺陷，即使以后纳入环境犯罪一章，也不是简单地将其"剪切"、"复制"过去，而是对其重新修改，以保障环境监管合法进行，尽量避免环境监管成为环境侵害的幕后推手。

二、降低入罪门槛保护环境利益

犯罪构成决定了罪与非罪的界限，环境监管失职罪客观方面的认定决定了是否构成此罪的门槛。环境监管失职罪是针对环境污染事故的发生而设置的罪名，但现行刑法的规定却与污染环境罪严重脱节，环境监管失职罪在客观方面不但要求"发生重大环境污染事故"[1]，而且要求必须发生"公私财产遭受重大损失或者造成人身伤亡"[2]的严重后果，此规定不但没有体现出以环境利益为核心法益的立场，而且门槛过高，与污染环境罪只要求"严重污染环境"的客观标准出入很大，不利于司法的统一和公平，因此主张在其他各个要件都具备的情况下，只要"发生重大环境污染事故"，就可以构成环境监管失职罪，不必等"公私财产遭受重大损失或者造成人身伤亡"结果的出现。环境监管失职罪门槛的降低，有利于对负有环境保护监督管理职责的国家机关工作人员形成威慑力，督促其尽心履行环境监管的职责，从而有利于环境的保护和人类环境利益的实现。

---

〔1〕《刑法》第 408 条。
〔2〕《刑法》第 408 条。

三、提高法定刑且分档设置

罪责刑相适应的原则要求，刑罚的制订以犯罪的性质为前提，根据犯罪行为的社会危害性设置法定刑的刑种、刑期，同时还要从遏制和预防犯罪的立场出发，从宏观上设计基本法定刑和最高法定刑。因此，法定刑的设置是跟犯罪性质和社会危害性相匹配的，既不能过高也不能过低，过高是对犯罪行为人权利的剥夺和限制，过低则是对刑法法益和受害人的保护不到位。法定刑的设置是否合理则直接关系到刑法的效力，关系到能否对犯罪起到良好的遏制和预防作用。环境监管失职罪既侵害了国家机关正常的环境管理活动又侵害了整体的环境利益，是重大环境污染事故的间接帮手，现行《刑法》"3 年以下有期徒刑或者拘役"的刑期明显过低，不利于环境监管失职罪的遏制和预防。因此，建议提高环境监管失职罪的法定刑，并且根据危害程度分档设置刑期。在刑期设置时，就可以把"公私财产遭受重大损失或者造成人员伤亡"的严重后果考虑进去，把其作为量刑的加重情节，即具体规定为"负有环境保护监督管理职责的国家机关工作人员严重不负责任，导致发生重大污染事故的，处 3 年以下有期徒刑或者拘役；致使公私财产遭受重大损失或者造成人身伤亡的严重后果的，处 3 年以上 7 年以下有期徒刑"。

参考文献

一、期刊论文

［1］杨春洗、向泽选：“论环境与刑法”，载《法律科学》1996 年第 1 期。

［2］周珂、宋德新："完善我国环境刑法的几点思考"，载《河南省政法管理干部学院学报》2009 年第 5 期。

［3］［日］平野龙一："日本对自然环境的刑罚性保护"，郭布、罗润麟译，载《环球法律评论》1981 年第 2 期。

［4］［英］J. R. 斯宾塞："对公害罪的批判性研究"，周昭益译，载《环球法律评论》1990 年第 1 期。

［5］［德］格·伊·福格尔："德意志联邦共和国对环境的刑事法律保护"，马骧聪译，载《法学论丛》1981 年第 4 期。

［6］付立忠："环境犯罪新论"，载《法律科学》1995 年第 2 期。

［7］李卫红："环境犯罪论"，载《烟台大学学报》（哲学社会科学版）1996 年第 2 期。

［8］沈乐平："公害罪刍议"，载《法学季刊》1985 年第 2 期。

［9］韩忠谟："行政犯之法律性质及其理论基础"，载《台湾大学法学论丛》1980 年第 1 期。

［10］李铮："追究刑事责任的 10 起环境典型案例分析"，载《环

境保护》2009 年第 10 期。

[11] 佚名："生态安全敲响警钟，保护环境刻不容缓"，载《中国环境报》2001 年 5 月 17 日第 3 版。

[12] 刘诗平等："全国十大水系水质一半污染"，载《北京日报》2014 年 11 月 19 日第 13 版。

[13] 徐日丹、贾阳："依法履行职能，强化对生态环境司法保护——高检院相关厅局有关负责人就检察机关查办生态环境领域犯罪情况答记者问"，载《检察日报》2014 年 6 月 13 日第 3 版。

[14] 李万祥："环境保护'失职渎职'犯罪严重"，载《经济日报》2014 年 6 月 18 日第 9 版。

[15] 张梓太、陶蕾："环境刑法的法益初论——环境刑法究竟保护什么"，载《南京大学法律评论》2001 年第 2 期。

[16] 王力生、牛广义："环境犯罪及其立法的完善"，载《当代法学》1991 年第 3 期。

[17] 吴志良、李水生："环境犯罪的构成要件"，载《中国环境科学》1998 年第 1 期。

[18] 李茂军等："试论公民环境权的刑事保障"，载《山西青年管理干部学院学报》2003 年第 3 期。

[19] 刘润发："论我国环境刑法的路径选择——基于环境权的刑法保护"，载《湖南税务高等专科学校学报》2007 年第 5 期。

[20] 徐祥民："对'公民环境权论'的几点疑问"，载《中国法学》2004 年第 2 期。

[21] 徐祥民："环境权论——人权发展历史分期的视角"，载《中国社会科学》2004 年第 4 期。

[22] 徐祥民："从利益主体看环境法与财产法的区别"，载《公民与法》（法学版）2012 年第 1 期。

[23] 徐祥民、张锋："质疑公民环境权"，载《法学》2004 年第

2 期。

　　[24] 徐祥民："从现代环境法的发展阶段看循环型社会法的特点"，载《学海》2007 年第 1 期。

　　[25] 徐祥民："极限与分配——再论环境法的本位"，载《中国人口资源与环境》2003 年第 4 期。

　　[26] 徐祥民："被决定的法理"，载《法学论坛》2007 年第 1 期。

　　[27] 徐祥民、邓一峰："环境侵权与环境侵害——兼论环境法的使命"，载《法学论坛》2006 年第 2 期。

　　[28] 徐祥民、巩固："自然体权利：权利的发展抑或终结?"，载《法制与社会发展》2008 年第 4 期。

　　[29] 徐祥民："环境法学的三个猜想"，载《中国环境法学评论》2011 年卷。

　　[30] 吕忠梅、刘超："资源分配悲剧性选择中的环境权——从环境资源分配角度看环境权的利益属性"，载《河北法学》2009 年第 1 期。

　　[31] 沈仲衡："西方法哲学利益观述评——兼论利益在法学理论研究中的意义"，载《当代法学》2003 年第 5 期。

　　[32] 高鹏程："西方知识史上利益概念的源流"，载《天津社会科学》2005 年第 4 期。

　　[33] 张成兴："试论利益概念"，载《青海社会科学》2000 年第 4 期。

　　[34] 李启家、李丹："环境法的利益分析之提纲"，载《2003 年环境资源法学国际研讨会论文集》。

　　[35] 杜健勋："环境利益：一个规范性的法律解释"，载《中国人口·资源与环境》2013 年第 2 期。

　　[36] 刘惠荣、苑银和："环境利益分配论批判"，载《山东社会科学》2013 年第 4 期。

［37］李爱年、胡春冬："财产法与环境保护——普通法的一个视角"，载《重庆大学学报》（社会科学版）2007 年第 2 期。

［38］苏青："法益理论的发展源流及其启示"，载《法律科学》2011 年第 3 期。

［39］杨春洗、苗生明："论刑法法益"，载《北京大学学报》（哲学社会科学版）1996 年第 6 期。

［40］张明楷："新刑法与法益侵害说"，载《法学研究》2000 年第 1 期。

［41］孙国华："论法与利益之关系"，载《中国法学》1994 年第 4 期。

［42］马荣春、王超强："论犯罪化与非犯罪化"，载《犯罪研究》2012 年第 6 期。

［43］王世洲："现代刑罚目的理论与中国的选择"，载《法学研究》2003 年第 3 期。

［44］王世洲："德国环境刑法中污染概念的研究"，载《比较法研究》2001 年第 2 期。

［45］张福德："美国环境犯罪的刑事政策及借鉴"，载《社会科学家》2008 年第 1 期。

［46］王明远、赵明："环境刑法的立法模式探讨"，载《中国环境法治》2009 年第 6 期。

［47］高铭暄、徐宏："环境犯罪应当走上刑法'前台'——我国环境刑事立法体例之思考"，载《中国检察官》2010 年第 2 期。

［48］于阜民："犯罪学的犯罪范畴"，载《犯罪学论丛》2004 年卷。

［49］于阜民、刘卫先："海洋生态损害行为刑事责任论"，载《当代法学》2009 年第 5 期。

［50］于阜民："犯罪构成理论抑或犯罪成立模型——以刑法契合

性为鉴",载《社会科学战线》2013 年第 8 期。

[51] 于阜民、夏弋舒:"犯罪既遂概念:困惑与重构",载《中国法学》2005 年第 2 期。

[52] 于阜民:"雪佛龙公司巴西近海原油泄漏案分析及借鉴",载《中国审批》2012 年第 2 期。

[53] 杜澎:"环境刑法对传统刑法理念的冲击",载《云南法学》2001 年第 1 期。

[54] 侯艳芳:"环境刑法行政化的基本问题探析",载《武汉理工大学学报》(社会科学版)2008 年第 5 期。

[55] 侯艳芳:"我国环境污染犯罪中因果关系推定规则之适用研究",载《青海社会科学》2011 年第 5 期。

[56] 张霞:"环境刑法中的因果关系推定原则探讨",载《山东警察学院学报》2008 年第 4 期。

[57] 赵秉志:"环境犯罪刑法立法完善研究",载《中国环境法治》2008 年第 6 期。

[58] 苏敏华:"英美刑法严格责任考察",载《犯罪研究》2004 年第 6 期。

[59] 李文燕、邓子滨:"论我国刑法中的严格责任",载《中国法学》1999 年第 5 期。

[60] 刘仁文: "刑法中的严格责任研究",载《比较法研究》2001 年第 1 期。

[61] 李卫红、单天水:"论严格责任的严格程度",载《法学评论》2005 年第 5 期。

[62] 刘亚娜:"论英美刑法中的严格责任犯罪及其对中国刑事诉讼证明制度的价值",载《河北法学》2010 年第 7 期。

[63] 刘剑锋:"论严格责任原则在污染环境犯罪中的适用",载《法制博览》2014 年第 12 期。

［64］贺文静："环境刑法资格刑研究"，载《法制与社会》2010年第9期。

［65］梁根林："非刑罚化——当代刑法改革的主题"，载《现代法学》2000年第6期。

［66］孙国祥："论非刑罚化的理论基础及其途径"，载《法学论坛》2003年第4期。

［67］吴献萍："环境犯罪非刑罚化的证成与价值"，载《求索》2011年第10期。

［68］柳文彬："环境犯罪刑事抗制论"，载《政法论丛》1996年第4期。

［69］陈丽天："论追诉时效在我国单位犯罪中的适用"，载《学术交流》2010年第10期。

［70］王小钢："义务本位论、权利本位论和环境公共利益——以乌托邦现实主义为视角"，载《法商研究》2010年第2期。

［71］常纪文："再论环境法的调整对象——评'法只调整社会关系'的传统法观点"，载《云南大学学报》2002年第4期。

［72］汪劲："伦理观念的嬗变对现代法律及其实践的影响"，载《现代法学》2002年第2期。

［73］邹雄："论环境权益及其救济"，载《福州大学学报》（社会科学版）2008年第3期。

［74］张锋："权利的延伸与伦理的演进"，载《法学论坛》2005年第2期。

［75］向泽选："危害环境罪的概念及其行政属性"，载《法商研究》1997年第3期。

［76］朱弘："论环境的刑法保护"，载《法学》1996年第9期。

［77］傅立忠、储槐植："初论环境刑法"，载《当代法学》1994年第2期。

[78] 陈兆开："浅析环境犯罪的构成要件"，载《前沿》2003 年第 3 期。

[79] 戚道孟："有关环境刑事立法几个问题的思考"，载《南开大学学报》2000 年第 6 期。

二、专（译）著

[1] 周珂：《生态环境法论》，法律出版社 2001 年版。

[2] 冷罗生：《日本公害诉讼与案例评析》，商务印书馆 2005 年版。

[3] 吴献萍：《环境犯罪与环境刑法》，知识产权出版社 2010 年版。

[4] 王秀梅：《破坏环境保护罪的定罪与量刑》，人民法院出版社 1999 年版。

[5]［美］卡洛琳·麦茜特：《自然之死》，吴国盛等译，吉林人民出版社 1999 年版。

[6] 郑艳秋等：《环境的演化：自然简史》，上海科学技术文献出版社 2009 年版。

[7] 康树华：《犯罪学通论》，北京大学出版社 1992 年版。

[8] 赵秉志等：《环境犯罪及其立法完善——从比较法的角度》，北京师范大学出版社 2011 年版。

[9] 张文显：《20 世纪西方法哲学思潮研究》，法律出版社 1996 年版。

[10] 严法善、刘会齐：《环境利益论》，复旦大学出版社 2010 年版。

[11]［德］马克思、恩格斯：《马克思恩格斯全集》（第 1 卷），人民出版社 1995 年版。

［12］蔡守秋：《调整论——对主流法理学的反思与补充》，高等教育出版社 2003 年版。

［13］张明楷：《法益初论》，中国政法大学出版社 2003 年版。

［14］张梓太：《环境法律责任研究》，商务印书馆 2004 年版。

［15］徐国栋：《民法基本原则解释》，中国政法大学出版社 1992 年版。

［16］廖华：《从环境法整体思维看环境利益的刑法保护》，中国社会科学出版社 2010 年版。

［17］丁后盾：《刑法法益原理》，中国方正出版社 2000 年版。

［18］焦艳鹏：《刑法生态法益论》，中国政法大学出版社 2012 年版。

［19］储槐植等：《刑法机制》，法律出版社 2004 年版。

［20］［日］平野龙一：《刑法总论》，有斐阁 1972 年版。

［21］于阜民：《刑法学》，科学出版社 2013 年版。

［22］吕欣：《环境刑法之立法反思与完善——以环境伦理为视角》，法律出版社 2011 年版。

［23］付立忠：《环境刑法学》，中国方正出版社 2001 年版。

［24］郭怡译：《巴西环境犯罪法》，中国环境科学出版社 2009 年版。

［25］［日］藤木英雄：《公害犯罪》，丛选功等译，中国政法大学出版社 1992 年版。

［26］赵秉志、王秀梅、杜澎：《环境犯罪比较研究》，法律出版社 2004 年版。

［27］张文等：《刑事责任要义》，北京大学出版社 1997 年版。

［28］储槐植：《美国刑法》，北京大学出版社 1987 年版。

［29］理查德·A. 波斯纳：《法律的经济分析》，蒋兆康等译，中国大百科全书出版社 1997 年版。

［30］［英］杰里米·边沁：《立法理论——刑法典原理》，孙力等译，中国人民公安大学出版社 1993 年版。

［31］蔡守秋：《环境资源法教程》，武汉大学出版社 2000 年版。

［32］李占州：《罪与非罪界定论》，中国人民公安大学出版社 2011 年版。

［33］马克昌：《犯罪通论》，武汉大学出版社 2006 年版。

［34］李希慧等：《环境犯罪研究》，知识产权出版社 2013 年版。

［35］徐祥民：《环境与资源保护法学》，科学出版社 2008 年版。

［36］王秀梅、杜澎：《破坏环境资源保护罪》，中国人民公安大学出版社 1998 年版。

［37］吕忠梅：《环境法新视野》，中国政法大学出版社 2000 年版。

［38］汪劲：《环境法律的理念与价值追求》，法律出版社 2000 年版。

［39］王成兵：《当代认同危机的人学解读》，中国社会科学出版社 2004 年版。

［40］甘绍平：《人权伦理学》，中国发展出版社 2009 年版。

［41］钱宁：《社会正义、公民权利和集体主义——论社会福利的政治与道德基础》，社会科学文献出版社 2007 年版。

［42］杨春福：《权利法哲学研究导论》，南京大学出版社 2006 年版。

［43］张文显：《法理学》，北京大学出版社 1999 年版。

［44］高中华：《环境问题抉择论——生态文明时代的理性思考》，社会科学文献出版社 2004 年版。

［45］朱谦：《公众环境保护的权利构造》，知识产权出版社 2008 年版。

［46］高铭暄：《中国刑法学》，人民大学出版社 1989 年版。

［47］［英］哈耶克：《法律、立法与自由》（第 2、3 卷），邓正

来、张守文、李静初等译，中国大百科全书出版社 2000 年版。

［48］［美］麦金太尔：《谁之正义？何种合理性？》，万俊人译，当代中国出版社 1996 年版。

［49］［英］约翰·穆勒：《功利主义》，叶建新译，中国社会科学出版社 2009 年版。

［50］［美］约翰·罗尔斯：《作为公平的正义》，姚大志译，上海三联书店 2006 年版。

［51］［美］博登海默：《法理学法律哲学与法律方法》，邓正来译，中国政法大学出版社 2004 年版。

［52］［美］罗斯科·庞德：《法理学》（第 3 卷），廖德宇译，法律出版社 2007 年版。

［53］［美］罗斯科·庞德：《通过法律的社会控制》，沈宗灵译，楼邦彦校，商务印书馆 2012 年版。

［54］［日］木村龟一：《刑法学词典》，顾肖荣等译，上海翻译出版社 1991 年版。

［55］［日］岸根卓郎：《环境论：人类最终的选择》，何鉴译，南京大学出版社 1999 年版。

［56］［日］大谷实：《刑事政策学》，黎宏译，法律出版社 2000 年版。

三、学位论文

［1］金晶："我国环境保护刑事立法的完善"，华东政法大学 2013 年博士学位论文。

［2］王强："马克思主义环境利益思想研究"，东北师范大学 2010 年博士学位论文。

［3］朱雯："论环境利益"，中国海洋大学 2014 年博士学位论文。

[4] 孔舒："跨国公司国际环境犯罪、刑事责任及管辖权研究"，上海大学 2006 年硕士学位论文。

[5] 杜澎："环境刑法的基本原理"，西南政法大学 2006 年博士学位论文。

[6] 邹静："环境犯罪比较研究"，山东大学 2007 年硕士学位论文。

[7] 侯艳芳："环境犯罪构成研究"，山东大学 2009 年博士学位论文。

四、网络资料

[1] 杨维汉："依法惩治非法占用开垦草原犯罪——人民法院审理破坏草原资源刑事案件的司法考量"，载 http://news. xinhuanet. com/legal/2012 - 11/22/c_ 113770509. htm，访问日期：2014 年 12 月 5 日。

[2] 张乐、黄筱："环境污染成肺癌推手，我国或成为世界第一肺癌大国"，载 http://dz. jjckb. cn/www/pages/webpage2009/html/2014 - 12/12/content_ 99897. htm？ div = -1，访问日期：2014 年 12 月 13 日。

[3] 央视财经："中国遭万亿吨剧毒洋垃圾围城，医疗针头被当玩具"，载 http://www. sn. xinhuanet. com/2015 -01/05/c_ 1113875013. htm，访问日期：2015 年 1 月 5 日。